Coleção

Biblioteca

do Maçom

EDITORA MAÇÔNICA
A TROLHA

NELSON BRITO RODRIGUES

Comparações, Verdades, Lendas e Superstições sobre a Ordem

INTERROGAÇÕES!

História, Origens e Questões sobre a

MAÇONARIA

Editora "A TROLHA"
Rua Castro Alves, 264 – Jd. Shangri-lá A – Fone (43) 3337-1982
Fax (43) 3326-0915 – Cx. Postal 238
CEP 86001-970 – Londrina – PR

Londrina, novembro de 2015

EDITORA MAÇÔNICA "A TROLHA" LTDA.
Rua Castro Alves, 264 – Jd. Shangri-lá A
CEP 86070-670 – Londrina – PR
Cx. Postal 238 – CEP 86001-970
Fone (43) **3337-1982** – Fax (43) **3326-0915**
Site: www.atrolha.com.br
E-mail: redacao@atrolha.com.br

Coordenação Geral:
Conselho Editorial

1ª Edição:
2015
Tiragem:
1.500 exemplares

Projeto Gráfico e Diagramação:
Maristela Meneghetti

Capa:
Ulisses Candreva

Revisão:
Maria Christina Ribeiro Boni

Impressão e acabamento:
Viena Gráfica e Editora

Obediência: *Grande Oriente do Paraná*

Dados Internacionais de Catalogação na Publicação (CIP-Brasil)
CATALOGAÇÃO NA FONTE

R696c

Rodrigues, Nelson Brito.
Comparações, verdades, lendas e superstições sobre a ordem:Interrogações! História, origens e questões sobre a maçonaria. / Nelson Brito Rodrigues. -- 1ª ed. -- Londrina: Ed. Maçônica "A TROLHA", 2015.
n.v. : il. ; 14,21 cm. -- (Coleção Biblioteca do Maçom).

ISBN: 978-85-7252-345-5

1. Maçonaria – História – Pesquisa. 2. Manuscrito Hebraico – História. I. Título. II. Série.

CDD 366.109
CDU 061.236.6

Índices para Catálogo Sistemático:

1. Maçonaria – História – Pesquisa.
   061.236.6 (CDU)
2. Manuscrito Hebraico – História.
   809.24:091 (CDU)

Dedicatória

Primeiramente, a Deus, pela saúde e nossa inspiração.

À moral, ao caráter e ao progresso.

À solidariedade, ao amor à Pátria, ao próximo, à família e à Ordem.

Aos nossos filhos e filhas, genros e noras, netos e bisneto.

Esposa, filhas e netos.

Aos nossos irmãos e irmãs biológicos

Aos nossos sobrinhos e sobrinhas

Aos nossos amigos, amigas e colaboradores.

Aos Sul-itaunenses, que vivem em nosso coração.

Aos nossos IIRM∴ um T∴ F∴ A∴ (Eternos Aprendizes).

Aos digitadores e editores.

Aos leitores, nossos ternos agradecimentos.

Aos Epígonos, desejos de felicidades, sucessos e prosperidades, na construção de um Mundo muito melhor!

O Autor

Sumário

Prefácio

Na presente obra: *Comparações, Verdades, Lendas e Superstições sobre a Ordem (Interrogações! História, Origens e Questões sobre a Maçonaria)*, o autor, humildemente, se preocupou, muito mais, em levar dúvidas ao leitor, do que argumentos que façam esclarecimentos sobre o tema, Maçonaria. Sacudindo e levando o leitor a estudos e pesquisas, como forma de sanar as interrogações e dominar, plenamente, o tema sobre a Ordem. Como disse Jesus: *"Não dai peixe ao homem que tenha fome, ensinai-o a pescar"*.

Juntos, analisamos os argumentos, e cada um, "de per si", crie suas dúvidas, suas interrogações e se aprofunde nos estudos e pesquisas, como forma de dominar e esclarecer o tema. O que não é fácil! Porém, não é impossível! Compulsando o compêndio – "Comentários ao Ritual de Aprendiz", Ed. Maçônica – Rio de Janeiro. 1990. p. 26 e 27, uma obra de: NICOLA ASLAN, quando ele diz:

> *A Maçonaria é como o mar. Rejeita tudo o que com ela não se amalgama e nem se funde; a maré encarrega-se de levar a terra e os corpos estranhos...* .

É árdua e difícil a empreitada de falar; muito pior, a de escrever sobre a *Maçonaria*, suas origens, sua história e interrogações, levando-se em consideração, "comparações, verdades, lendas e superstições sobre a Ordem". E as dificuldades esbarram nas "alterações" constantes de sua história, ao longo dos tempos, assim, como da história e de sua origem.

Sabendo-se que a história da Maçonaria está entre as que mais têm sofrido alterações; e isto ocorre pelo aparecimento de novos documentos, que passam a fazer parte do acervo das bibliotecas maçônicas ou públicas. Tanto documentos históricos quanto científicos continuam sempre se inovando, o que traz novos argumentos e novas dimensões. Portanto, não se esgotam. Não são estanques.

Na qualidade de um Maçom que colara, há alguns anos, no Grau 33 e, quando, com muito orgulho, descobriu que: *"Já sabe muito; descobrindo que sabe que nada sabe" (sei que nada sei);* e que é *"preciso aprender muito mais sobre a Ordem"*. E que tenho um lugar reservado, no Topo da Loja; e é junto aos Irmãos Aprendizes onde aprendemos juntos. Assim, na nossa humilde pequenez, levamos esta obra ao leitor, ao Irmão, para juntos aprendermos, argumentarmos e aumentarmos as nossas dúvidas.

Não procuramos galardões, nem laureamentos, procuramos, solidariamente, apreender, para aprender e compreender os Irmãos e leitores e, sobre a importância da Ordem, neste mundo conturbado e individualista, quando o **amor ao próximo** perdeu seu valor. No entanto, queremos legar aos epígonos o nosso lema: LIBERDADE, IGUALDADE e FRATERNIDADE, como fonte do Progresso do Homem, da Sociedade e Evolução da Humanidade.

O Autor

Apresentação dos Editores

Hipóteses, dúvidas e interrogações acompanham a história geral, quem dirá a da Maçonaria!

O historiador, professor e filósofo brasileiro Leandro Karnal diz que as mudanças foram tão grandes nos últimos 50 anos, que tendemos a acreditar que o mundo acabou. Mas não, apenas acabaram alguns conceitos e úteis invenções, que cederam lugar aos novos entendimentos, empreendimentos e conceitos.

Ao se tratar da Instituição Maçônica, é perceptível e interessante observar a manutenção do **status quo**, *justamente por acatar de forma verdadeira as dúvidas e indagações surgidas, do mesmo modo que se aceita o que já foi comprovado. As fortes tendências acadêmicas e científicas buscam enquadrar a Ordem Maçônica dentro de parâmetros atuais, só que os conceitos e ações do passado não seguiam a mesma forma de pensamento, por isso a ausência de documentos e de pareceres. E é justamente neste contexto que o autor Nelson Brito Rodrigues enceta a sua análise e argumentação sobre a* **Origem e a História da Maçonaria**, *comparando textos e documentos, com a disposição de esclarecer dúvidas sem, no entanto, interrogar o que foi dito e o que realmente se tem bem ancorado historicamente.*

Antes de destruir os bastiões que pautaram os conhecimentos gerais e específicos até os dias atuais, trocando-os por substitutos artificiais e muitas vezes míticos ou místicos, é preciso conhecimento e disposição de compreender outras opiniões e situar-se conceitualmente no tempo. Um difícil, árduo e prazeroso trabalho que, como diz o autor, não se esgota e nem se estanca.

Os Editores

Londrina, novembro de 2015.

Introdução

Grandes, numerosos e renomados autores dedicaram alentados estudos e tempos de pesquisas, para trazer a lume os estudos sobre: *Comparações, Verdades, Lendas e Superstições sobre a Ordem (Interrogações! História, Origens e Questões sobre a Maçonaria)*, com os quais viajaremos, neste simples livro deste humilde e incansável autor, que não mede esforços para aprender um pouquinho, um só naco, sobre a Ordem Maçônica; e com o leitor procurar os argumentos e perseguir as interrogações, de forma a entender e esclarecer sobre a Maçonaria.

Sabe-se que a história da Maçonaria é um tema complexo, porém, apaixonante. Sua origem é de difícil elucidação, muito mais, quando voltamos no tempo e descobrimos que: "*As origens da Maçonaria perdem-se na poeira dos tempos; muito pouco ou quase nada são encontrados nos vetustos alfarrábios, bem deteriorados e de difícil entendimento*". Mas são as fontes e bases de pesquisas, dos quais dispõem estudiosos e pesquisadores.

E, sobretudo, em tão importante tema, pouco ou nada existe, em nosso vernáculo, que traga à luz esclarecimentos, plausíveis, sobre esta importante Ordem. Para o Maçom é imprescindível conhecer algo sobre a Maçonaria; é de suma importância ao homem, à sociedade, à humanidade, à família e à Pátria conhecer sobre a Ordem, a fim de se esclarecer. E também para *a formação de Homens*

Justos e de Bons Costumes, que são aqueles Pedreiros, que: "*Cavam Túmulos aos Vícios e Constroem Templos, às Virtudes*".

Para uns, os Pedreiros Construtores de *Castelos, palácios, Igrejas, Templos, Catedrais, monumentos, muralhas e estradas* eram artesãos, com verdadeiros dotes artísticos, que dominavam a arte e a arquitetura, cujo segredo desta arte milenar permanecia com eles. Já aos aprendizes, somente eram repassados quando estes se submetiam aos testes, pelas "*Corporações de Ofícios*", "*Hansas*" e "*Guildas*", para galgar ao nível de Mestre. Se aprovados, recebiam os segredos e iriam exercer o labor de construtor, como Mestres.

Desta forma, há correntes que defendem que: "*A origem da Maçonaria está no Templo de Salomão*"; onde os Pedreiros e Construtores que detinham os segredos da arte reuniram-se e criaram a Associação, mantendo os segredos e somente os davam aos Obreiros, que iriam se destacando, aprendendo a arte de construir e que *eram Livres e de Bons Costumes.* Foi quando se destacaram o Mestre "Hiram Abif", entre outros, e os Obreiros: *Jubelas, Jubelo* e *Jubelum,* e outros.

Outros argumentavam que: "*A origem da Maçonaria é **antediluviana** e iniciou na construção da Arca de Noé*"; e entre os seus Construtores.

Para outros, "*A Ordem Maçônica iniciou, na Pérsia, na Mesopotâmia, na Macedônia, ou em outros impérios*", contíguos.

Uma outra corrente afirma que foi: Na ***Grécia*** e até são citados Platão, Sócrates, Aristóteles, Anaximandro, Anaxágoras, Tales de Mileto, entre outros.

E uma outra corrente argumenta que: "*o início da Maçonaria foi no **Egito**, ainda, no tempo das construções das pirâmides, no Império dos Faraós*".

Entretanto, são argumentações vagas e sem comprovações cabais, que não representam a verdade real; pois, devido à falta de provas documentais, se torna difícil a credibilidade nestas argumentações. Ocorria que, na existência de guerras, o Império vencedor saqueava o vencido e, ainda, incendiava seus monumentos, seus templos e suas bibliotecas. O que concorreu para a escassez e falta de documentos que comprovem: o local, os membros e a data do início da Ordem. O que sabemos é que:

> *A origem da Maçonaria perde-se na poeira dos tempos; são difíceis, mas existem vetustos alfarrábios que comprovam a Origem da Maçonaria, lá no Período da Antiguidade.*

Na Idade Média, "os Pedreiros Livres", assim chamados por serem "Livres e de Bons Costumes". Ocorre que no período feudal, os acessos aos Feudos, entradas e saídas teriam que ter a permissão do Senhor Feudal. Quanto aos Pedreiros, estes tinham livre acesso. Eles entravam, permaneciam e saíam dos Feudos, sem necessitar das permissões. Eram artistas e arquitetos que dominavam as artes das construções. E, desta forma, ampliaram-se "A Ordem, as Oficinas e os Obreiros da Maçonaria Operativa".

No dia 24 de junho de 1717, na Taverna "O Ganso e a Grelha" – (*Rummer and Grapes Tavern*) –, em Londres, os Pedreiros, reunidos, criaram a "Franco-Maçonaria", que se tornou "Operativa e Especulativa". E, em 1723, instituíram a "Primeira Constituição Maçônica", a qual ficou conhecida por *"Constituição de Anderson"*, tendo sido reformulada em 1738.

Na **Maçonaria Operativa**, só eram aceitos os *obreiros e construtores*. Na **Maçonaria Especulativa**, foram aceitos intelectuais, cientistas, inventores, pesquisadores e comerciantes, entre outros; portanto, estranhos às construções. Foi o passo inicial ao Progresso e Expansão da Ordem, em nível mundial. Hoje, a Maçonaria é Operativa e Especulativa, *"Teísta", discreta e progressista, doutrinária e iniciática. Sempre na busca do progresso do homem e seu aperfeiçoamento intelectual; Cavando Túmulos aos Vícios e construindo Templos às Virtudes. Tendo na moral, na liberdade nos bons costumes, no amor ao próximo, na família e na pátria, o fim precípuo*. Estribada na máxima: ***Liberdade, Igualdade***

e Fraternidade**, caminhando rumo ao progresso do homem e combate o autoritarismo político, a escravidão, não admite a servilidade humana, e luta pela livre iniciativa, pela liberdade de pensamento, de criação e de locomoção do homem.* Tem sua crença ***no Ser Supremo e no livre pensamento, com a liberdade de criação e de locomoção. Tem sua crença no Ser Supremo e admite em seus quadros todas as religiões que Crê, num Ser Criador. *Portanto não é "ATEIA".*

PRINCÍPIOS E OBJETIVOS DA MAÇONARIA

A Maçonaria é uma "Sociedade Fraternal", que admite, em seus quadros, "*Homens Livres e de Bons Costumes*", sem distinção de "raça, religião, ideário político ou posição social". Tendo como exigência precípua que:

> *O Candidato tenha fé e acredite num Princípio Criador – (Fé em Deus, como Criador de tudo e todas as cousas), tenha boa índole, respeite a família e todos que lhe rodeiam, possua um "espírito filantrópico" e o propósito inabalável de ir em busca da "perfeição", aniquilando seus vícios e trabalhando para uma constante evolução de suas "virtudes". Cavando Masmorras aos Vícios e construindo Templos à Virtude. Ser Livre e de Bons Costumes. Amar ao próximo como a ti mesmo. Amar o Senhor teu Deus sobre todas as cousas". SER SOLIDÁRIO, LUTAR PELA LIBERDADE, PELA IGUALDADE E PELA FRATERNIDADE. Ter amor e defender a Pátria, onde vive; respeitar e aceitar as pessoas, com suas diferenças, sentimentos e propósitos, indistintamente de cor, raça, gênero, posição de seu credo religioso, cultural, social, econômica ou sentimento partidário ou intelectual. A Maçonaria abomina a "servilidade", portanto, luta pela liberdade do ser humano, dentro do princípio de que: "O HOMEM NASCE LIVRE E MORRE LIVRE". NÃO CABE A NENHUM SER HUMANO ESCRAVIZAR O SEU PRÓXIMO. DENTRO DA MÁXIMA DE JESUS CRISTO: "AMAI-VOS UNS AOS OUTROS, COMO EU*

VOS AMEI". E "AMAR AO SENHOR TEU DEUS SOBRE TODAS AS COUSAS".

O QUE É A MAÇONARIA? E SEUS PRINCÍPIOS, QUAIS SÃO?

E a Maçonaria, o que é? A Maçonaria que é *uma Ordem Iniciática e Ritualística, universal e fraterna, filosófica e progressista, Teísta e fraterna, sem distinção de credo, (crenças), raças, posição social ou filosofia política, fundamentada no livre-pensamento e na tolerância; e que tem por objetivo o desenvolvimento espiritual do homem, voltado à edificação de uma sociedade livre, justa e igualitária, com respeito e amor ao próximo, à ordem, à pátria e à humanidade.*

A Maçonaria não aceita *dogmas* e combate *a opressão*, de todas *as formas; luta contra o terror, contra a miséria, o sectarismo e a ignorância, "combatendo o totalitarismo e a corrupção"*. No entanto, reconhece e enaltece o "mérito", concorre pela união de todos os homens, pela prática da *moral universal* e pelo respeito da personalidade de cada um. Tem *no trabalho, um direito* e *um dever.* Valorizando tanto o trabalho intelectual, quanto o trabalho manual. Portanto, é meritória.

A Maçonaria é uma **Ordem de duplo sentido:** *Sendo uma Instituição Perpétua e de Associação de Pessoas ligadas por determinados valores, que perseguem determinados fins e que estão vinculadas a determinadas regras.*

É uma **Ordem Iniciática:** Seus Membros, ao ingressar, submetem-se à "cerimônia de iniciação" – (batismo maçônico, comumente, falado) –, é o começo que simboliza a passagem das "Trevas à Luz".

É uma **Ordem Ritualística**, em suas reuniões obedecem a determinados Ritos, que simbolizam: *sínteses e sabedoria,* antecedendo aos tempos remotos.

É uma **Ordem Universal e Fraterna** – seu objeto é a *Fraternidade Universal* –, é uma única família na face da Terra; onde os Irmãos sejam, no Seio da Ordem, verdadeiros Irmãos, sem distinção de *raça, sexo, religião, ideologia* e *condição social.*

Para **Fernando Pessoa:** *"A Nação é a escola presente para uma Super Nação futura"*. E, *"Amar a Pátria e a Humanidade"* é outro dos deveres dos Maçons.

É Filosófica – porque ultrapassada a fase *"Operativa"* (fase dos construtores e arquitetos medievais), tornou-se uma associação de caráter *"Especulativo"*, na busca de respostas às interrogações do homem. Porém, conserva: *O Vocabulário, os Utensílios e a Simbologia* dos pedreiros, construtores dos antigos templos.

Objeto da Maçonaria: a Maçonaria visa à construção de um *"Homem Novo"* e de uma *"sociedade nova e justa"*. Portanto, se fundamenta na "ideia de construção", tendo como base a **Geometria,** que é a nobreza das artes, só ela permite medir e compreender a medida de todas as cousas. E, a *Régua*, o *Esquadro* e o *Compasso* são os instrumentos privilegiados, ao pensamento maçônico.

É Progressista: A Ordem é Progressista, porque busca o *"Progresso da Humanidade"*. *"Só haverá um homem melhor, numa melhor sociedade"*. Diminuir as desigualdades e reduzir as injustiças sociais, é o objetivo primordial da Maçonaria, através da elevação da moral e espiritual, de cada indivíduo; no cultivo do caráter e da personalidade, de cada Membro da Ordem.

É Livre Pensadora: é livre e pensadora, porque *não aceita dogmas, práticas* à *tolerância e respeita a liberdade absoluta de consciência.* Os Maçons têm o direito de *sua livre convicção.* É antidogmática, política e religiosa ou filosoficamente. É *o livre-arbítrio* de cada Membro; e não permite discussões destes temas, em seus seios, em respeito aos ideais dos demais Membros.

A Maçonaria refuta todas as alusões, contrárias à Ordem. Quando *há falsas acusações* contra esta Ordem, pelos que "não têm conhecimentos de causas". Mas são acusações que vêm desde os tempos do "Santo Ofício"; e que, de quando em vez, afloram. Como as falsas acusações de que: "OS MAÇONS LIVRES OU PEDREIROS SÃO CONTRA A RELIGIÃO", *fato que é uma invencionice e longe da verdade real.* Afirmação que a Ordem refuta. Quando cada Membro Maçom tem que ter fé no Princípio Criador, em Deus Pai e Criador de todas as coisas; que é o Construtor e Arquiteto do Universo, que chamam de G.·. A.·. D.·. U.·. ou G.·. A.·. U.·. – Grande Arquiteto do Universo. Também é verdadeira a assertiva da Ordem, que: muitos e ilustres Membros da Ordem maçônica foram e são: Católicos Cristãos, Evangélicos Cristãos – (das mais variadas seitas evangélicas), Budistas, Judeus, Árabes, Muçulmanos, Padres, Bispos e Cardeais, entre outros. É por isso que, na Maçonaria, não se discutem religiões, nem ideologias políticas; preservando o princípio da liberdade, do livre pensamento e do livre-arbítrio, de cada Membro do Quadro.

A Maçonaria é "Teísta": É Teísta porque aceita a "*Existência de um Princípio Superior, que é, indubitavelmente, Deus;* porém, tratado como": Grande Arquiteto do Universo – "G.·. A.·. D.·. U.·." – "G.·. A.·. U.·.". Perguntam-se: "Existe um Maior Arquiteto do Universo que não seja Deus"? E cada Membro interpreta, conforme sua convicção religiosa. Para uns é "Deus". Para outros, o "Sol", e para outros, ainda, é: "Jesus", "Buda", "Alá", Javé, Maomé, etc. É o respeito por todas as religiões, indistintamente. Entretanto, a Ordem combate o fanatismo, o extremismo, ou o fundamentalismo religioso e as superstições infundadas.

Cabe ao leitor, ler, analisar e tirar suas próprias conclusões sobre a Ordem. Quanto às dúvidas e às interrogações, tem que, obrigatoriamente, mergulhar no mundo das pesquisas, dos livros e estudar, profundamente, até compreender o tema. Nossa função é provocar dúvidas; e ao leitor caberá procurar as respostas, de forma, a sanar as interrogações.

Há uma série de lendas, sobre a criação e origem da Ordem, que vem do anonimato; portanto, não são confiáveis e são estratagemosas e repletas de subterfúgios, que não dizem nada, de verdadeiro, sobre a Maçonaria. Além de mentirosas, só servem para confundir o leitor.

Quanto às *superstições*, são resultantes das *crendices populares* que em nada tem a ver com a Maçonaria e sua Origem; quando *esta é uma Ordem da sociedade, que prega e exige o respeito, o amor ao próximo; e que cada membro tenha sua crença e sua fé*. E admite, em seus Quadros, todas as religiões, sem quaisquer distinções, desde que creiam num Ser Criador, num Deus ou deuses. Dizem que: "*todos* 'devem' *crer em Deus e o Maçom* 'tem' *que crer e acreditar no Senhor Teu Deus*".

As Lendas ou Superstições são criações populares, *que vêm do meio do povo, é um folclore; não tem fins econômicos, nem têm autoria; vêm do anonimato e são transmitidas, oralmente, sem uma fonte que lhes represente*. Assim tornam-se folclores, de conhecimentos populares, com fundamentos nas crendices e lendas populares. Sem quaisquer credibilidades. Falam-se aos ventos!

Portanto, cada leitor deverá aprofundar-se nos estudos e descobrir quais fatos são verdadeiros e quais são folclóricos. É resultante do "senso crítico" de cada leitor.

Dessa forma, a Maçonaria chegou ao século XXI, cumprindo suas metas e objetivos, que é o desenvolvimento do homem, o progresso da sociedade e a evolução da humanidade. Exigindo que cada Membro, com liberdade, estude e pesquise para seu engrandecimento pessoal, seu aperfeiçoamento intelectual e profissional, em qualquer campo da atividade humana. Sempre trilhando pelos campos da *Ordem e dos Bons Costumes*.

Como toda Ordem, a Maçonaria tem os seus princípios, seus debates e questionamentos; porém, os embates ou debates são altruístas e alvissareiros, *sempre pugnando pelo aperfeiçoamento intelectual, filosófico, filantrópico, de trabalho, ordem e amor ao próximo, dentro da máxima francesa, Liberdade, Igualdade e Fraternidade. Sem distinções, fanatismo ou fundamentalismo religioso, tendo o homem como centro do progresso e da evolução da humanidade.*

No Brasil, desde seu descobrimento até o segundo Império, a Igreja Católica Apostólica Romana foi a religião oficial, uma herança portuguesa. Apesar de D. Pedro I ser Maçom, a convivência com a Igreja era ótima e tinham uma política de boa vizinhança. Houve alguns desencontros entre a Igreja e o Primeiro Império, como as "Questões Religiosas"; mas cujo conflito fora superado. E também a Maçonaria que havia participado nos movimentos, *Pró-República e na "Conjuração Mineira"*; nesta última, culminou com a morte de Tiradentes; e assim se fora o sonho de um governo republicano e democrático.

No movimento **pró-Independência do Brasil**, em 1822, a participação da Maçonaria fora de máxima importância, com ilustres e marcantes figuras lutando pela soberania territorial e política do Brasil.

Em todos *os Movimentos e Conflitos*, no País, ali, estava a Maçonaria. Porém, os maiores destaques foram na *luta pela Abolição da Escravatura, em 1888, e pela Proclamação da República, em 1889.*

Com o advento da República, instalou-se a *"Democracia"* no Brasil. Em 1891, já no apagar das luzes, no fechar as cortinas e encerrar o século XIX, foi Promulgada a Primeira Constituição Democrática, no Brasil. E, por força da Constituição de 1891, "separou a Igreja do Estado", com a criação do "Estado Laico".

Com as mudanças do Sistema de Governo, de Império para o Sistema Republicano, sob o Regime Presidencialista, houve mudanças quanto à Religião no Estado brasileiro, de forma que o Brasil não tem uma Religião Oficial, mas sabe-se que a Nação brasileira adota a liberdade religiosa, com adoção do *"Estado Laico"*, imperando a liberdade religiosa. Isto quer dizer que o País é livre para qualquer **"Religião"** professar sua fé e cultuar o Senhor Teu Deus, em seus Templos. É a liberdade de cultos. E é Livre para todos. Desta feita, no Brasil se professam todas as religiões, sem distinção ou segregação. Há, ainda, os *agnósticos, ateus, espíritas, animistas e até os que se declaram "sem Religião"*. Portanto, todas as crenças e cultos são professados livremente no País. Assim como a liberdade e o respeito para com todas as *Entidades e Associações.*

A Maçonaria, como uma "Ordem Teísta, Discreta, Iniciática e Doutrinária", vem cumprindo seu papel, sempre *voltada ao progresso do homem e da sociedade, com vistas à evolução da humanidade.* Tendo, como escopo principal, o futuro dos epígonos.

Comparações, Verdades, Lendas e Superstições sobre a Ordem

As origens da Maçonaria perdem-se na poeira dos tempos; obrigando os estudiosos a recorrerem aos vetustos alfarrábios ainda existentes nas bibliotecas do mundo ou nas prateleiras dos aficionados pela causa; não sem antes de despender muito esforço, dedicação ou pesquisas incansáveis. Somente na procura da origem da Maçonaria é que se poderá conhecer algo de sua história e de suas contribuições sociais, em prol da evolução da humildade, com suas tramas, egoísmo e intricações, além de suas lendas, superstições e verdades que estão envoltas na evolução da Ordem.

ORIGEM DA MAÇONARIA

Obscuros são os primórdios da Maçonaria, assim como a sua história. Para alguns pesquisadores/historiadores, de excelsa credibilidade, a Origem da Maçonaria é tão límpida e cristalina, verossímil e verdadeira, tal qual a existência das ondas do mar. Sua origem está ligada ou jungida às antigas Corporações de Ofícios, formadas e conhecidas no medievo; isto é, no Período Medieval. Está jungida às chamadas "Corporações de Ofícios", às "Guildas" e às "Hansas" da Idade Média.

GUILDAS

Recebiam o nome de *guildas ou corporações de ofício, as associações formadas por artesãos profissionais e independentes, em igualdade de condições, surgidas na Baixa Idade Média (séculos XII ao XV) destinadas a proteger os seus interesses e manter os privilégios conquistados.* Outras guildas, sem relevância econômica, tinham caráter religioso, beneficente ou de lazer. Além das guildas, existiam também as Hansas, associações de comerciantes que dominavam determinados segmentos do mercado.

Seu desenvolvimento está ligado ao processo do Renascimento comercial e urbano, que ocorreu no mesmo período. A produção artesanal vinha acompanhando de perto o crescimento do comércio e acarretando o aumento gradual da produção. As cidades se enchiam de comerciantes e artesãos, e para defender seus direitos e interesses, essas duas categorias começaram a se organizar em corporações.

Os regulamentos da corporação se concentravam em controlar a qualidade e a técnica da manufatura, e para manter o seu funcionamento, os trabalhadores associados eram obrigados a pagar uma determinada quantia, regularmente. Havia um estatuto de técnicas a se utilizar e o trabalho era realizado em oficinas individuais, e caso houvesse um profissional que não estivesse ligado à sua respectiva corporação, este corria o risco de perder seu negócio e ser expulso da cidade. As guildas cobriam praticamente todas as atividades profissionais da época. Assim, haviam guildas de alfaiates, sapateiros, ferreiros, artesãos, pedreiros, comerciantes, artistas plásticos, entre várias outras.

Ao mesmo tempo em que os profissionais passaram a se organizar nestes grupos, eles vão estabelecendo uma hierarquia em meio à produção artesanal na medida em que surgiam novos profissionais. No topo, de tal hierarquia, encontramos o mestre artesão ou mestre de ofício, que era o proprietário de tudo, ferramentas, matéria-prima, bem como o produto final. O Mestre dominava todo o processo de produção, estava no topo da pirâmide, era responsável por contratar trabalhadores e estabelecia os salários, algo similar ao gerente de uma empresa atual.

Logo abaixo, do Mestre, estavam os Oficiais ou Companheiros, que eram os trabalhadores contratados mediante salário, e depois deste, estavam os Aprendizes, que estavam na base da pirâmide, estes eram os trabalhadores que tinham como intuito aprender o ofício. Como consequência, não eram pagos e sofriam muitos abusos.

O surgimento das guildas significou uma mudança radical no funcionamento da economia europeia, pois essas associações organizaram e regulamentaram o trabalho, valorizando as atividades manuais e o próprio trabalhador, que passou a gozar de maior proteção. Ao mesmo tempo, o processo produtivo e a oferta de trabalho ficaram concentrados nas mãos daqueles que tinham proeminência, em meio às suas corporações.

Estas associações também tiveram certa importância na América, durante os primeiros tempos da colonização. Algumas delas tornaram-se importantes na Cidade do México e em Lima, no Peru.

HANSAS

Hansa é o significado da Antiga Liga de várias cidades do norte da Europa, na Idade Média, para fins comerciais.

Exemplificando o uso da palavra Hansa: Hansa, oriunda do francês *"hanse"*; derivado do alemão medieval *"hanse"*, que significava "esquadrão combatente". A Liga Hanseática (em alemão, *die Hanse*, sendo que An Hanse significava aproximadamente associação) foi uma aliança de cidades mercantis que estabeleceu e manteve um monopólio comercial sobre quase todo o norte da Europa e Báltico, nos finórdios da Idade Média e começo da Idade Moderna (entre os séculos XIII e XVII). De início, tinha caráter essencialmente econômico, desdobrando-se, posteriormente, numa aliança política.

A HANSA DE GOTLAND

A Liga Hanseática, já nos primórdios do século XII e início do século XIII, foi criada no norte da Alemanha e em redor do mar Báltico, da qual comungavam diversas cidades: Lübeck (em 1158), Rostock, Wismar, Stralsund, Szczecin, Gdańsk, Elbing. Dentro de todas essas vilas, ainda, no Período Feudal, a Burguesia instalou-se rapidamente no poder, quando o domínio econômico e político se encontravam em mãos dos Senhores Feudais, como detentores.

Os mercadores dessas cidades tentaram, imediatamente, comercializar com Gotland, visto que Henrique, o Leão, havia feito paz em 1161. Estes mercadores, procedentes de Lübeck, das vilas westfalianas e saxônicas, elegiam quatro anciões (um por Visby, um por Lübeck, um por Soest e outro por Dortmund), que exerciam a justiça e os representavam no exterior. A atividade desses representantes estendeu-se rapidamente, para além de Gotland, chegando até Novgorod – um verdadeiro ponto de encontro entre as Civilizações Orientais e Ocidentais, onde criaram um estabelecimento próprio, o PETERHOF. Estes mercadores penetraram também na Escandinávia (a feira de Escânia tornou-se um eixo central do comércio hanseático), na Inglaterra (onde eles foram oficialmente reunidos, em 1281, numa única Hansa, a da Alemanha), e nos Países Baixos (onde a Condessa de Flandres, Margarida II, lhes concedeu privilégios fundamentais, em 1252 e 1253).

É importante lembrar que foi nesta primeira associação embrionária, que os privilégios e princípios fundamentais da Liga Hanseática, se tornaram realidade e foram aplicados.

Pode-se datar a passagem da Hansa dos mercadores, a Hansa das cidades em 1280, quando uma operação contra Burges foi organizada, com o objetivo de proteger os privilégios adquiridos (seguida em 1284, do mesmo tipo de operação, contra a Noruega).

PRINCIPAIS ROTAS COMERCIAIS DA LIGA HANSEÁTICA

A Hansa das cidades, em 1141, deu origem à Associação da Hansa Teutônica, entre as cidades de Hamburgo e Lübeck, que inspirou diversas outras associações, em várias outras cidades. Essas associações eram destinadas à proteção dos comerciantes e à defesa de seus interesses comerciais.

No seu apogeu, a Hansa Teutônica contava com cerca de 90 cidades, do mar do Norte e do mar Báltico, entre elas: Amsterdã, Bergen, Bordeaux, Bruges, Colônia, Cracóvia, Groningen, Hildesheim, Londres, Nantes, Novgorod, Praga, Reval (Tallinn), Riga, Rostock, Stralsund, Toruń, Varsóvia, Veneza, Wismar, entre outras. Associam-se à Liga, igualmente, estados importantes, como: o dos Cavaleiros Teutônicos. Indubitavelmente, foi esta a mais poderosa das associações.

A liga foi dividida em quatro seções, presididas por Lübeck, Colônia, Brunswick e Danzig. A Hansetag (assembleia geral das cidades que se reuniam a cada três anos, em Lübeck) tinha apenas um papel consultivo, dado que a aplicação de suas decisões era deixada a cargo de cada cidade (que devia, contudo, fornecer sua contribuição militar e financeira à Hansa). Conseguiu a Hansa, vitórias importantes frente ao reino da Noruega, e a seguir contra o Reino da Dinamarca. Apesar disso, permanece como uma associação política, onde as cidades gozavam de grandes autonomias.

Esta estrutura seria desmontada pelo Tratado de Vestfália (1648), quando definiu o conceito de Estado-Nação. No século XVIII, o governo hanseático subsiste apenas em Lübeck, Hamburgo e Bremen. Entretanto, ainda hoje as cidades livres de Hamburgo e Bremen referem-se, a si mesmas, como vilas hanseáticas.

O vocábulo Maçonaria vem do francês: "*Maçoniere*" – derivando do francês – "*Maçon*" – "Pedreiro" ou Maçom – Trabalhadores nas construções, em alvenarias: Prédios – Igrejas, Templos, palácios, castelos, muralhas e fortificações, estradas, entre outras.

Temos que conhecer na Maçonaria suas duas fases; sendo a primeira, a MAÇONARIA OPERATIVA e a segunda, a MAÇONARIA ESPECULATIVA. Na Maçonaria OPERATIVA – os seus componentes operavam materialmente, eram trabalhadores especializados nas construções – os pedreiros e artesãos, conhecidos como arquitetos ou artistas construtores.

Na segunda fase: A nominada por **ESPECULATIVA:** é o período dos "pensadores", "pesquisadores", estudiosos, intelectuais... Homens de pensamento – são os "iluminados pela Luz da Razão".

Já na idade Antiga, isto é, na antiguidade da humanidade, os construtores que dominavam a profissão de pedreiros e detinham conhecimentos especiais ou especializados faziam parte de um estamento social aristocrático, em relação às demais profissões; igualavam-se quase a um colégio sacerdotal. No Período Medieval, os construtores de palácios ou catedrais eram privilegiados pelas autoridades eclesiásticas e seculares, com inúmeras benesses, entre outros. Daí nasceu a denominação francesa de "Franc-Maçon", entendida como "pedreiro livre". Como a arquitetura constituía, na época, a "Arte Real", os seus segredos eram transmitidos somente àqueles que fossem dignos de recebê-los e conhecê-los, mas deveria mantê-los sempre em sigilo, sob pena da perda de sua vida. Havia entre os construtores, na época, como que um "ideal", a construção de uma OBRA SUPREMA, através de um trabalho artístico constante. Seria o "Templo ideal", seria o próprio ser humano uma extensão divina. Era o período da Maçonaria Operativa.

Como havia os pensadores, intelectuais, pesquisadores, cientistas e alquimistas, na época, que eram combatidos, perseguidos, presos e até mortos, neste período, estes eram combatidos e perseguidos pelos indivíduos de mente tacanha, mesquinhas e espíritos menos esclarecidos. Nestes casos, os artistas e construtores perseguidos fugiam, buscando refúgios entre os Pedreiros Livres, os quais podiam protegê-los, devido aos privilégios que detinham.

Muitos, foragidos ou não, eram aceitos e protegidos pelos Pedreiros Livres. Devido a isso surgiu a denominação de "Maçons Aceitos", já no período da MAÇONARIA ESPECULATIVA.

Evidentemente, nem todos eram aceitos. Como não poderiam ser. Faziam-se sindicâncias e somente alguns eram admitidos, muito embora, após serem submetidos a uma série de provas, que faziam parte de sua Iniciação. Os Iniciados juravam guardar segredo dos Ritos e respeitar as regras, determinadas pela Ordem. Cabe a cada um dos leitores ou interessados no tema proceder e se aprofundar nas pesquisas e livros que verão sobre o tema e sobre a Ordem.

Sabe-se que, na **Maçonaria Especulativa**, o número de *"Maçons Aceitos"* elevou-se, consideravelmente, no *Séc. XVI*, predominando-se o "Rosa-Cruz" (Rosacrucianos), ingleses, entre eles. Foi quando se iniciou Elias Ashmole, alquimista, o qual ingressara com um grupo de amigos, teológicos, no ano de 1646. A partir desta data, por iniciativa dos novos Membros, organizou-se uma sociedade, cujo escopo era a construção do Templo de Salomão – Templo Ideal das Ciências.

Concederam e permitiram a Elias Ashmole que a sociedade realizasse suas reuniões no Templo Maçônico. E, aos poucos, os elementos oriundos da Fraternidade Rosa-Cruz *(Instituição Secreta que, supostamente, dedicava-se ao estudo do esoterismo, alquimia, teosofia e outras ciências ocultas)* foram preponderando na Maçonaria e introduziram, nela, muitos de seus Símbolos. Quando alteram Rituais, sobretudo, no que se refere às Iniciações, nas Lojas, diferindo da ritualística anterior.

Anteriormente, na hierarquia maçônica, havia tão somente os Graus de "Aprendiz" e "Companheiro"; haja vista que o "Mestre" era, exclusivamente, o encarregado pela direção da "construção" de Palácios, Igrejas ou Templos, castelos, muralhas, entre outras.

Em 1694, Elias Ashmole criou o Grau de Mestre, completando a base definitiva da hierarquia maçônica. Ulteriormente, a Maçonaria fora impulsionada e tomou corpo, na Inglaterra, com a grande transformação, sob a orientação de James Anderson, um presbítero londrino, portador de diploma em filosofia; e Désaguliers, de origem francesa, um Grão-Mestre inglês, que fora eleito, no ano de 1719. E, foi a partir desta data que a Maçonaria desenvolveu suas tendências para uma Instituição filantrópica, voltada ao campo do social, sem perder de vista, sua filosofia de estudos e filantropia.

Com a aprovação, em 1723, do "Livro das Constituições Maçônicas", revisado por James Anderson, a Maçonaria regulamentou-se e tomou corpo. Esta "Carta" foi chamada "Constituição de Anderson", quando tornou-se, num curto espaço de tempo, a "Carta" *da maior parte das Lojas.* Através desta "Carta" propagavam uma doutrina, sobretudo, *humanitária, Deísta e espiritualista, livre e aberta para todos os cristãos, seja qual for sua seita, porém respeitosa e leal aos poderes públicos e constituídos, o amor à Pátria.*

Sua origem, jungida aos construtores da Idade Média, torna compreensível a Simbologia Maçônica e o porquê dela estar relacionada ao campo da construção. Quando seus Símbolos são identificados, até mesmo pelo observador, por mais Neófito que seja; sendo os instrumentos do pedreiro: *o Esquadro, o Compasso, o Prumo, a Régua e o Nível,* entre outros.

Todos os Maçons estão inseridos no propósito da construção:

> *construção do Templo da virtude e da verdade, construção de si mesmo, de seu caráter e de sua personalidade. "Na evolução do homem pelo bem da humanidade e na construção de um mundo melhor, onde cada ser humano tenha o seu valor absoluto e não um mero valor relativo"; seja Livre e de Bons Costumes, combatendo a escravidão e não admitindo a servilidade humana, voltada à fé no Criador, solidária e comungando o amor ao próximo e ao Senhor seu Deus. Onde determina que "todos devem crer em Deus, como Ser Supremo e Criador; porém, o Maçom tem que acreditar em Deus, como Ser Supremo e Criador", ao qual chama de Grande Arquiteto do Universo – G∴ A∴ D∴ U∴ ou G∴ A∴ U∴.*

A VERDADEIRA ORIGEM DA MAÇONARIA

Como podemos observar pela literatura ou pesquisas, enumerar datas sobre a verdadeira origem da Maçonaria é uma temeridade, ao estudioso ou pesquisador. Para tal, é imprescindível o tempo de estudos e acuradas pesquisas sobre o tema, que nem sempre é tão fácil. Entre tantos, há um livro muito raro, o qual contém uma tradução de um antigo manuscrito hebraico, onde encontramos a revelação da mais popular e das mais influentes de todas as sociedades secretas, como sendo a da Francomaçonaria, a primeira ou uma das primeiras; a qual foi fundada pelo Rei Herodes Agripa, neto de Herodes I, "O grande", e filho de Herodes Antipas, sendo este a quem Jesus cognominou de: "Raposa". Quiçá pelas perseguições aos Cristãos.

Conforme o referido manuscrito, atendendo às sugestões de Hiram Abiud, seu conselheiro, sob as aquiescências de: *Moab Levy, Adoniran, Johanan, Acob Abdon, Antipas, Solomon Aberon e Ashad Abia,* no ano de 43, formalizou-se uma sociedade secreta cujo nome era "*Força Misteriosa*". Segundo fontes deste manuscrito, todos os membros da "Força Misteriosa" eram pertencentes ao Judaísmo, portanto radicais ou fundamentalistas religiosos. Na verdade, "*esse manuscrito é pouco divulgado, sendo pouco conhecido até mesmo pela grande maioria dos Maçons*".

Nesse diapasão, sobre as remotas origens históricas de sua própria sociedade, os Maçons não têm nada de concreto, somente especulações, procurando suprir lacunas, quanto à origem da Maçonaria. Cada Rito ou cada Loja, cada Potência ou cada Oriente, oferecem uma história, muito diferente e vaga, sobre as verdadeiras raízes históricas da Ordem; não trazendo à "Luz" a "Origem da Maçonaria", clarividentemente.

HISTÓRIA DA MAÇONARIA DE ACORDO COM O MANUSCRITO HEBREU

Acredita-se, geralmente, que o ano de 1717 seja a data em que a "Franco-Maçonaria" foi criada, pois é a data quando a sua Grande Loja da Inglaterra foi estabelecida. Tendo, portanto, esta data, como sendo a de maiores probabilidades de ser a correta.

Acredita-se, ainda, que foi o Dr. James Anderson quem escreveu as suas "Novas Constituições" (Segundo Paul A. Fisher, em *Behind the lodge door* – shield publishing – Washington – Dc).

O próprio James Anderson publicou, no ano de 1723, as "Constituições dos Maçons". Seu nome foi omitido, porém sua autoria vem declarada num apêndice cujas Constituições foram editadas e reimpressas por Benjamin Franklin, que era Maçom, em Filadélfia-USA, em 1734, tornando-se, assim, o primeiro livro impresso na América Maçônica.

Apesar de o novo nome ter sido adotado em 1717, sabe-se que o verdadeiro fundador da Franco-Maçonaria não fora James Anderson, mas, sim, John Theophilus Désaguliers – conhecido por Désaguliers. A história verdadeira tem como fonte o "raro manuscrito, que era escrito no idioma hebraico, no qual constam as minutas das reuniões e dos fundadores originais da Maçonaria". Donde não podemos fugir suprimir ou ampliar.

De forma que, compulsando esse documento, conclui-se que os reais motivos e intenções da fundação desta associação "era a de perseguir Cristo e sua Igreja, até o fim dos tempos". Fato dubitável. Porém, a cópia deste "Manuscrito Hebreu" foi roubada por Désaguliers, o fundador da "Moderna Maçonaria", após ele ter assassinado o judeu Joseph Levy, um dos legítimos herdeiros e detentor do Manuscrito Original.

Este manuscrito fora transmitido pelos nove fundadores somente aos seus descendentes diretos. Uma das cópias do original deste Manuscrito Hebreu fora passada de *Moab Levy*, um dos fundadores, para *Joseph Levy*, no século *XVII*, tendo esta cópia sido subtraída por Désaguliers, quando matou Joseph Levy. (John Theophilus ou Jean Théophile Désaguliers – La Rochele – 13/03/1683 – Londres – 29/02/1744).

Ocorre que o filho de *Joseph*, *Abraham Levy*, morreu de tuberculose dois anos após seu casamento com Esther, morte muito prematura. Esther contraiu novas núpcias, casando-se com *Abraham Abiud*, que era um descendente direto de *Hiram Abiud*, outro fundador da antiga Associação Maçônica. O chamado "Grupo dos Nove".

Abraham Abiud, possuidor de uma cópia do manuscrito original, de fundação da associação, teve uma filha somente. Ocorre que esta sua filha única, *Esther*, homônima de sua mãe, foi casada com *Samuel Lawrence, e teve um filho*. Este seu filho, *Jonas Lawrence*, teve um filho de nome *Samuel* – (homenagem ao avô), filho de sua primeira esposa. Porém, mais tarde casou-se com *Jane*, que era uma Cristã protestante, e se converteu ao Cristianismo. Ocorre que *Jonas Lawrence* foi assassinado devido a sua conversão ao Cristianismo e por sua posse ilegal da história, do Manuscrito da Associação, uma vez que não era descendente direto da família *Levy*, o qual expressava o desejo de publicar o citado manuscrito.

Como o desejo de *Jonas* não foi concretizado, o seu bisneto, *Lawrence G.S. Lawrence*, nascido em 1868, também protestante, traduziu a história do manuscrito hebreu para o inglês. Em sua tradução, o *Sr. Lawrence*, último descendente do proprietário da história (o manuscrito hebreu), adotou o título de: "A DISSIPAÇÃO DA ESCURIDÃO – A ORIGEM DA MAÇONARIA". (LAWRENCE, JONAS JAMES). (DISSIPATION OF THE DARKNESS. History of Masonry. Dedicando a *Samuel Lawrence*, que determinou realizar a última vontade de seus avós *Jonas* e *Janet*. *Jonas James Lawrence* morreu misteriosamente em 1825). Após as publicações do Manuscrito da fundação da Associação.

A HISTÓRIA DO MANUSCRITO HEBRAICO, POR LAWRENCE G.S. LAWRENCE

Lawrence, filho de *George*, neto de *Samuel*, bisneto de *Jonas*, trineto de *Samuel Lawrence*, russo de origem, foi o último descendente dos descendentes de um dos guardiões da história (o próprio manuscrito) que herdou de seu pai o respectivo manuscrito, composto por seus ancestrais, ainda, na língua hebraica. Manuscrito este que foi traduzido, por um deles, para o idioma russo, sem precisão de datas.

Entre os descendentes de *Samuel Lawrence*, um deles traduziu o manuscrito para o idioma inglês, também, sem precisão de data. Um dos ancestrais, *Jonas Lawrence*, introduziu, no manuscrito, uma série de eventos. História transmitida por ele e seus ancestrais. Contam eles que *Jonas Lawrence* readaptou e rearranjou-a e dividiu--a em duas seções. Tinha máximo desejo em publicá-la, mas, por uma série de obstáculos, foi impedido de realizá-lo, entre eles: Sua saúde, situação financeira e empecilhos de ordem política. *Jonas* e *Janet*, sua esposa, pretendiam publicar o manuscrito e sua história. Mas, incapacitados, eles destinaram a publicação ao filho, *Samuel*, que era avô *de Lawrence G.S Lawrence.*

Ao falecer, *Jonas* não viu seu empreendimento concretizado. O avô *Samuel*, que era filho de *Jonas Lawrence* – este que era filho de *Samuel Lawrence* – determina ao seu filho *George*, que era pai de *Lawrence G.S. Lawrence*, para que se encarregasse de publicar o *manuscrito e sua história – DESDE A RENOVAÇÃO DA ASSOCIAÇÃO DA FORÇA MISTERIOSA*, a qual era a verdadeira origem da Maçonaria.

Determinou *Samuel*, ao seu filho *George* –

> *Filho: – Aqui tem estas introduções, encabeçadas por uma lista nominal. Estes nomes são correspondentes aos sucessivos herdeiros desta história, desde a renovação da associação (A FORÇA MISTERIOSA); foi quando e onde esta associação*

mudou seu nome para "FRANCO-MAÇONARIA". E será de sua responsabilidade, esta publicação, que a ti estou confiando. Tudo aconteceu quando Joseph Levy idealizou e alterou a denominação da associação para "Franco-Maçonaria", reformando os seus estatutos e regulamentos.

Determinando, ainda, que:

– Nelas está incluído o nome de Joseph Levy. Este Joseph Levy é um dos fundadores renovadores da associação. Ele é um judeu e herdeiro das histórias dos antigos ancestrais; mas que a herdaram de **Moab Levy**, *o qual fora um dos nove fundadores originais – sendo o nosso ancestral,* **Joseph Levy**, *que teve a iniciativa de alterar o nome da associação (A FORÇA MISTERIOSA), para FRANCO-MAÇONARIA e de reformar seus estatutos e regulamentos.*

Joseph Levy foi enviado para Londres, Inglaterra, em companhia de seu filho, *Abraham (Abrahao)*, e outro amigo, chamado *Abrahão Abiud*, ambos Judeus e descendentes dos herdeiros da história e, muito bem financiados, seguiram viagem rumo a Londres.

Em seus itinerários, resolveram entrar numa outra cidade, não tiveram sucesso, então seguiram viagem com destino a Londres. Já em Londres, se encontraram com duas pessoas, de grandes influências e de muito conhecimento, os quais lhes serviram como elementos apropriados para realizarem os seus empreendimentos. Estas pessoas foram: *John Theophilus Désaguliers* e seu companheiro, de nome *George*, sobrenome não existe. É uma incógnita.

OS NOVOS ESTATUTOS ATRAEM MEMBROS E A SOCIEDADE TOMA CORPO

Após estreitarem os laços de amizades, *Joseph Levy* revelou-lhes o nome da associação: "*A força misteriosa*", e relatou a eles, com sintetizada descrição, partes das histórias, porém, mantiveram em sigilo os segredos fundamentais da associação. Também revelaram que a associação estava inativa e quase morta, por um longo período, e que necessitava, para sua *renovação e reforma de seus estatutos,* a alteração de sua denominação. Com essas alterações, em seus estatutos, a associação poderia atrair muitos membros e evoluir-se na sociedade. Com muita sagacidade, eloquência e esperteza, o que lhe era peculiar, *Joseph Levy* obteve sucesso, quando convenceu os dois amigos, *John Désaguliers* e *George,* quanto à imprescindibilidade de se fazer reviver a associação e difundi-la, como forma de atrair novos adeptos e fazer a Ordem caminhar.

Com muito sucesso inicial, separaram-se, mas condicionaram que se encontrariam num determinado dia e hora aprazada, novamente. Porém, cada um deles deveria trazer três nomes, apropriados para ser a denominação da associação, dos quais escolheriam um determinado nome para denominar a associação.

Dez dias após se encontraram, cada um deles apresentou as três denominações, e o nome aprovado foi aquele que propôs *Joseph Levy,* que foi: "*FRANCO-MAÇONARIA*" – (FREE MASONRY – em inglês).

SÍMBOLOS MAÇÔNICOS – EXPRESSAM E PRESERVAM OS ANTIGOS E UTILIZADOS SÍMBOLOS, NA ASSOCIAÇÃO – "A FORÇA MISTERIOSA"

Abraham (Abrahão), filho de *Joseph Levy,* que foi testemunha presencial das duas sessões, disse, no dia 25 de agosto de 1716, o seguinte: "Este nome teve preferência, por duas razões. **Primeiro** – porque é o mesmo nome que os antigos arquitetos adotaram: – "PEDREIROS LIVRES" – *(Freemasons,* em inglês). E, **segundo** – porque é uma expressão adequada dos *antigos símbolos e sinais* utilizados na associação – "A FORÇA MISTERIOSA" *(The Mysterious Force)*". Quanto aos Símbolos, estes são os que pertenceram à *construção e à arquitetura,* propostos por *Hiram Abiud,* um dos fundadores, com o escopo precípuo em ocultar a origem da associação cuja atribuição é anterior a Jesus Cristo. *John Theofhilus Désaguliers* concordou e aprovou as palavras de meu pai; quando acrescentou: "***Em terceiro lugar,*** os arquitetos de hoje em dia e construtores possuem associações, sindicatos e suas Lojas, onde se reúnem visando o fortalecimento e a dignificação de suas profissões".

HÁ UM ESPESSO VÉU SOBRE OS SEGREDOS DA ORIGEM DE SUA FUNDAÇÃO

Agora, com o novo nome – "FRANCO-MAÇONARIA", podem se reunir numa única associação, sem intrusão, sem perturbação e sem que ninguém saiba dos propósitos da associação. Mas tem, ainda, um **quarto lugar:** estes dois nomes, *Maçonaria* (ou *masonry* que, em inglês, significa construção ou obra de alvenaria), e *Maçom* (ou *mason* que, em inglês, significa Pedreiro), que são encontrados, desde a antiguidade ou período ou Idade Antiga, que serão sempre um espesso véu sobre os segredos da origem de sua fundação; e, além de tudo, indubitavelmente, irão aumentar o prestígio da associação, na sua caminhada pelo aperfeiçoamento social e humano do homem e pelo progresso da humanidade.

A OCULTAÇÃO DE SUA ORIGEM E OS VERDADEIROS PROPÓSITOS DA ASSOCIAÇÃO

Encontraram e reuniram-se os cinco homens, com um só propósito: *Joseph Levy, John Désaguliers,* e os Companheiros, já elencados, e eles aprovam o acréscimo do termo "LIVRE" ou "FRANCO" – (*FREE*), *ocultando, assim e inequivocamente, a data da fundação, às pessoas, em geral* e aos Membros e associados, em particular. E *John Désaguliers* e seu companheiro passaram a exigir que *Joseph Levy* lhes mostrasse a história original.

Joseph Levy informou-os que a história original havia sido traduzida para o inglês e que os *TRÊS MANUSCRITOS* herdados tinham se perdido havia pouco tempo; quanto aos *outros quatro manuscritos* já haviam sido perdidos fazia muito tempo. Desta feita restaria, somente, *a sua própria cópia – (a oitava cópia)*. Entretanto, havia outra *(a nona cópia)* completando as nove cópias, que estavam em poder dos nove fundadores. Esta outra cópia – *a nona* – era o manuscrito de *ABRAHAM ABIUD*, o qual, já traduzido, compulsamos. Um compêndio original e fonte de estudos e pesquisas.

JAMES ANDERSON PRESIDE A REUNIÃO DE 10/03/1717. ARQUITETOS E CONHECIDOS

O autor da Constituição Maçônica, *James Anderson*, tinha como seu verdadeiro propósito – "a renovação da antiga Associação Força Misteriosa" e, em seus momentos de oratória, clarividenciava seus desejos, sonhos e objetivos, que era o de ter a Ordem Maçônica, sua constituição, estatuto, regulamentos e Ritos.

John Désaguliers e *George* ficavam emocionados e, por este motivo, tanto insistiam para obter a cópia do original da criação da associação, isto é, do manuscrito. Afirmavam que, de posse da cópia, seria mais fácil para eles formularem um novo estatuto. Mostravam-se tão fiéis aos princípios e desejosos das doutrinas de *Joseph Levy*, que o convenceram a entregar-lhes uma cópia do manuscrito. Levaram um bom tempo lendo o manuscrito, por completo. Após acurada leitura deste manuscrito, novas ideias afloram-se, como era de se esperar.

Quando os cinco voltaram a se encontrar, decidiram por convocar alguns amigos, sob o pretexto de criarem uma "Associação Unitiva". Porém, o verdadeiro propósito era, obviamente, *a reno-*

vação da associação: Força Misteriosa (The Mysterious Force). Na reunião, acordaram com a ressurreição da associação, porém, com um novo nome, ponto passivo entre os cinco membros. E, também, restauraram a primeira Loja, *a Loja Principal de Jerusalém.* Tudo de acordo com os ideais e aprovação de *Joseph Levy,* como sempre sonhou e desejou.

Convidaram diversos e conhecidos arquitetos para a reunião de 10/03/1717 (10 de março de 1717). A reunião foi presidida pelo sábio *Dr. James Anderson* (Vide Constituição de Anderson), que era amigo de *John Désaguliers.* Após longas discussões e acirrados debates, chegaram a uma conclusão final, quando determinaram *a data de 24 de junho de 1717,* para realizarem um grande e inesquecível encontro, no qual realizariam as aprovações da reunião de 10/03/1717.

A CRIAÇÃO DA GRANDE LOJA DA INGLATERRA

Enquanto *Joseph Levy* preparava seu filho *Abraham Levy,* visando grandes eventos, no futuro, seu filho – *Abraham Levy* – teve que viajar para Portugal, em companhia de um parente seu, *Abraham Abiud,* que era descendente de *Hiram Abiud,* um dos fundadores legítimos da associação e proprietário da cópia do manuscrito, o qual compulsamos.

Mas nem tudo navegava em águas calmas, nem em céu de brigadeiro. E, no intermédio de 10/03/1717 e 24/06/1717, um grande conflito teve início entre *Joseph Levy, John Désaguliers* e *George,* devido à recusa dos dois últimos em devolverem-lhe a cópia do manuscrito, que lhe haviam tomado por empréstimo, para estudá-lo.

Como, anteriormente, deliberado e determinado, realizou-se o encontro, na reunião de *dia 24 de junho de 1717,* entre eles, quando criaram a *Grande Loja da Inglaterra.* Neste dia 24/06/1717, dia do encontro, do "Gran Finalle", a maioria dos presentes apoiava *John Désaguliers* e *James Anderson*. Qual foi o resultado? Ambos conspiraram contra *Joseph Levy,* quando o assassinaram e roubaram-lhe todos os seus papéis, inclusive a, supracitada, cópia do manuscrito, em hebraico, da qual era detentor.

Neste encontro de 24/06/1717, eles concordam em criar a *Grande Loja da Inglaterra*. Portanto, merecem que mencionemos os nomes dos sucessivos herdeiros da História, partindo do ancestral, *Joseph Levy*, o renovador da associação, até chegar a *Lawrence G.S Lawrence.*

A Associação teve *Moab Levy* como primeiro ancestral e um dos nove fundadores da Associação "A Força Misteriosa", que ora criava a Grande Loja da Inglaterra.

Na Ordem: *Joseph Levy era filho de Nathan, o qual era filho de Abraham, Abraham, o filho de Jacob; Jacob, o filho de Nathan; Nathan, o filho de Jacob, que foi filho de Israel; Israel que era filho de Moab, Moab, o filho de Rafael,... Até chegar a Moab Levy,* o primeiro ancestral e um dos nove fundadores da Associação "A Força Misteriosa".

Rol dos Fundadores:

1. Joseph Levy, Judeu, 1665-1717
2. Abraham, filho de Joseph Levy, Judeu, 1685 – 1718
3. Nathan, filho de Abraham Levy, Judeu, 1717 – 1810
4. Esther, filha de Nathan Levy, Judeu, 1753 – 1793
5. Samuel Lawrence, marido de Esther, Judeu, 1742 – 1795
6. Jonas (filho de Samuel e Esther), convertido para o Cristianismo com o novo nome de James, 1775 – 1825
7. Janet, filha de John Lincoln, Cristão Protestante, 1785 – 1854
8. Samuel, filho de Jonas e Janet (Madrasta), Cristão Protestante, 1807 – 1883
9. George, filho de Samuel Lawrence, Cristão Protestante, 1840 – 1884.

John Theophilus Désaguliers, nascido em 12 de março de 1683, e falecido no ano de 1742, era o único homem que se destacou pelo seu fervoroso zelo na revitalização da Associação no início do século 18. Ele mereceu o título de "Pai da Nova Maçonaria". A existência da Grande Loja da Inglaterra foi devido ao seu próprio esforço.

Embora a indicação do nome de James Anderson como sendo aquele que estabeleceu a primeira edição dos estatutos fundamentais da nova Maçonaria, o seu criador e observador original foi John Theophilus Désaguliers.

Se James Anderson as compôs, foi Désaguliers quem acreditou neles e foi quem ditou os seus temas fundamentais e ideias básicas.

De acordo com os dados contidos no "manuscrito hebreu", formalizou-se uma Sociedade Secreta, por sugestão de *Hiram Abiud*, seu conselheiro, sob a anuência de *Moab Levy, Adoniram, Johanan, Jacob, Abdon, Herodes Antipas, Solomon Aberon e Ashad Abia, ainda no ano de 43*, que assim oficializaram uma sociedade secreta com o nome original de a "FORÇA MISTERIOSA". *É sabido que todos os seus membros pertenciam ao judaísmo*. E fora, clarividente, *John Désaguliers* quem creditou e acreditou neles e na associação, quando ditou os seus temas fundamentais e as suas ideias básicas, como diretrizes à "MAÇONARIA MODERNA".

Está registrado que *John Theofhilus Désaguliers* nasceu em 12/03/1683 e faleceu em 1742, tendo sido um dos únicos membros que se destacou pela luta de revitalização da associação, ainda, no início do século XVIII. A ele foi atribuído, merecidamente, o título de "Pai de nova Maçonaria". e a *Grande Loja da Inglaterra* só existe devido ao seu esforço, muita luta e dedicação, em prol desta causa.

Mesmo com atribuição do nome de *James Anderson*, como *autor da primeira edição dos estatutos fundamentais da Nova Maçonaria; temos John Désaguliers como seu principal criador e observador original.* Se James Anderson as compôs e editou, foi John Désaguliers quem creditou e acreditou, e foi o autor dos temas fundamentais e das ideias básicas que regem a Maçonaria Moderna. Fazendo minuciosas e profundas leituras e pesquisas, nas minutas originais, pode-se concluir: – "*quão grande era o ódio, Juramento, a Jesus Cristo ou Jesus de Nazaré e um obstinado e doentio pacto, pela luta e preservação da religião Judaica*". Sentimento fundamentalista e radical que caiu no ostracismo e, hoje, todos vivem em harmonia religiosa, política e social, dentro da Ordem, visando o aperfeiçoamento do homem e o progresso da humanidade, com amor ao próximo e temor ao Senhor teu Deus, comumente, chamado por G.'. A.'. D.'. U.'..

De acordo com as informações contidas nas minutas originais, "*os membros dessa associação,* por dever e honra *'preservariam' esta doutrina até o fim dos séculos*", com sua constituição, estatutos e regulamentos.

Da mesma forma, (minutas originais), essa associação e seus membros declaravam "*ódio absoluto e obcecado*" a Jesus, (Yeshua Iesus– da Galileia ou Nazaré, Jesus, o Messias, Jesus de Nazaré – Jesus Cristo); "negariam" Sua condição "*Messiânica*" e não "*reconheciam*" os pontos doutrinários de Seu Evangelho e num pacto obstinado prometiam *lutar e preservar a religião Judaica*, até o final dos tempos. Era um perfeito fundamentalismo religioso, na defesa pelo Judaísmo.

Entretanto, nas entrelinhas, conclui-se que: o escopo primordial não seria apenas a preservação da religião judaica, em sua pureza doutrinária, de acordo com a doutrina, de acordo com a Revelação Divina transmitida por seus profetas. Mas esses que se *opunham* a Jesus Cristo nem sequer criam mais nos seus próprios profetas; conforme o próprio Jesus os acusava, na época. E o empenho seria *preservar* o Judaísmo, sim! Porém mesclado com um "fermento e uma tradição" com o mero sentimento humano e de caráter duvidoso. Mas seu sentimento máximo era denegrir a imagem de Jesus Cristo e Seu Evangelho e, sem dúvida, lutar pela hegemonia do judaísmo farisaico, em detrimento do Cristianismo. Era um dever de honra, para eles, lutar e preservar a doutrina que recebeu de seus pais, até o fim dos séculos.

O MANUSCRITO HEBREU – UM FAMIGERADO DOCUMENTO DO PRÓPRIO FARISAÍSMO

Este Manuscrito Hebreu ficou conhecido, na história, como: "o mais famigerado documento do próprio farisaísmo". *Cujo documento é um testamento que "perpetua" seus "ocultos"* e *"obstinados" "escopos"* EM "REPUDIAR" JESUS CRISTO. NEGANDO SUA MESSIANIDADE E "DESCONHECENDO-O", COMO O PROMETIDO MESSIAS DE ISRAEL, SUA CONDIÇÃO DE PROFETA, FILHO DE DEUS, COMO, TAMBÉM, NÃO RECONHECIAM SUA SANTIDADE NEM SUA RESSURREIÇÃO.

Dentro desta ótica e filosofia doutrinária, nasceu esta sociedade secreta; cuja doutrina não é aceita em nossos dias; *a qual mais tarde se denominou MAÇONARIA;* cuja Ordem, hoje, é despojada de todos e quaisquer fanatismos religiosos. Abomina o fundamentalismo nas religiões e *agrega, em seus seios e seus quadros todas as religiões, que tem um Criador Divino e todos os religiosos Livres e de Bons Costumes, todos os que Cavam Masmorras aos Vícios e Templos* às *Virtudes, visando o progresso do homem, da família, da Pátria, da intelectualidade, do bem da sociedade, da Liberdade, da Igualdade, da Fraternidade do ser humano e da evolução da humanidade, com o seu Ser criador, que é Deus –, que o chamam de G∴ A∴ D∴ U∴ – Grande Arquiteto do Universo.*

Desta forma e com estes conceitos estabeleceu-se *"o Templo"* de Gnose: doutrina antagônica e totalmente opositiva à doutrina Cristã (do Cristo, do Cristianismo), até o final dos séculos, conforme herdara de seus antepassados. Conforme dizemos do próprio Jesus Cristo: *"sinagoga de satanás"* – (Ap. 3:9). Que se deve ao fundamentalismo religioso do judaísmo.

GNOSE

Cotejando o tema "Gnose": O termo gnose deriva do termo

grego *"gnosis"* que significa "conhecimento". É um fenômeno de conhecimento espiritual vivenciado pelos gnósticos (cristãos primitivos sectários, do gnosticismo). Para os gnósticos, gnose é um conhecimento que faz parte da essência humana. É um conhecimento intuitivo, diferente do conhecimento científico ou racional.

Gnose é o caminho que pode guiar à iluminação mística através do conhecimento pessoal que conduz à salvação. A existência de um Deus transcendente não é questionada pelos gnósticos, pelo contrário, eles veem no conhecimento Divino um caminho para atingir um conhecimento mais profundo da realidade do mundo.

O gnosticismo está relacionado com ensinamentos esotéricos da cultura grega e helenística, que expõem aos seus iniciados um caminho de salvação, que tem como base o conhecimento de certas verdades ocultas a respeito de Deus, do homem e do mundo.

O gnosticismo cristão designa um conjunto de crenças de natureza filosófica e religiosa, cujo princípio básico assenta na ideia de que há em cada homem uma essência imortal que transcende o próprio homem. Assim, o homem é visto como um ser divino que caiu na Terra de forma desastrosa, e que só pode se libertar dessa condição através de uma verdadeira Revelação.

A gnosiologia é a área da filosofia que se ocupa do estudo dos fundamentos do conhecimento humano.

GNOSE E MAÇONARIA

O gnosticismo pode ser qualificado como uma religião. No entanto, apesar de não ser considerada como uma religião, a Maçonaria está relacionada no sentido, em que tem como objetivo alcançar o Conhecimento Integral (profundo conhecimento em várias áreas distintas), ou seja, tem bastante semelhança com o gnosticismo, onde a gnose desempenha um papel de grande relevância.

Com demonstrações visíveis do *"poder"* e da *"misericórdia"* de Deus, conforme o Evangelho – (Mc 3:1-6), onde revela-nos, com clarividência, o único propósito dos *"filhos das trevas"*.

Assim que saíram, os fariseus reuniram-se, com os partidários de Herodes, para discutir e concluir, de que forma matariam a Jesus.

PRIMÓRDIOS DA MAÇONARIA – ROYAL SOCIETY – O GANSO E A GRELHA

Para compulsarmos e compreendermos, inteligivelmente, a Maçonaria, é imprescindível que retornemos e contemplemos sua genealogia; isto é, suas raízes históricas e os princípios de sua fundação, com os seus respectivos fundadores. Mas, para tanto, se faz necessário "separar o joio do trigo". Suprimir os relatos fantasiosos e acríticos e estudarmos as fontes históricas e verídicas, de forma a chegarmos ao cerne da questão histórica, propriamente dita. Temos que nos dedicar a fontes documentais e fugir das versões lendárias e supersticiosas. Devemos nos ater à "luz da verdade".

Nesse diapasão, somos obrigados a voltar no tempo e estacionarmos no *"Período Feudal"*. O feudalismo foi um período de grande riqueza histórica e cultural, quando surgiram grandes mudanças nos conceitos e costumes da sociedade, e que merece uma menção; se não o fizermos, passaremos pela história das civilizações e não a vimos, nem vivenciamos.

No "Período Feudal" os reis absolutos, para sua manutenção no poder, dividiram a Europa em "feudos", doando feudos aos nobres, aos membros da nobreza palaciana. Dizem até que no "Período Feudal", com divisões e doações de feudos, a Europa chegou a assemelhar-se com uma verdadeira colcha de retalhos. Cada nobre, chamado "Senhor Feudal", cedeu suas terras aos vassalos – os feudatários – para produção, em troca de um percentual de produção. Os senhores feudais montaram toda uma estrutura, no seu Feudo, tinham exército e cunhavam suas próprias moedas, além de fazerem guerras. Era um pequeno estado dentro do império Europeu, tudo custeado pelo trabalho dos feudatários.

A produção industrial ainda era insípida, e toda produção era artesanal, incluindo: ferreiro, pedreiro, moleiro, sapateiro, alfaiate, entre outros. Para reger estas profissões, criaram as *"Corporações de Ofícios"* (sindicatos atuais). O trabalho era *"servil"* e o comércio era feito na base do *"escambo"* (trocas de produtos). O aprendiz trabalhava, por um período, com o mestre, e quando estava apto e dominando o ofício, era submetido a um teste, aplicado pelos mestres, nas corporações de ofícios. Em sendo aprovado, tornava-se um novo mestre e montava sua oficina. Porém, o trabalho anterior era servil, isto é, gratuito.

Havia, ainda, os pescadores, estes eram livres e tinham acesso a todos os "feudos". Os pescadores moravam nas margens de mares e rios, donde retiravam o pescado e o trocavam, com outros produtos, nas vilas e nos feudos. Os pescadores, marginalizados como eram, habitavam em vilas e moravam em casebres ou choupanas paupérrimas, nas margens dos rios ou mares. Estas vilas, muito pobres, chamavam-se *"Burgos"* e seus habitantes, eram chamados de *"Burgueses"*. Os burgueses trocavam seus pescados, por cereais e animais. Descobriam o que estava em excesso num determinado feudo e em falta no outro. Adquiriam os produtos em excesso, num feudo, por troca, e permutavam com os produtos de outros feudos ou vilarejos. Assim, se tornaram hábeis comerciantes, e os negócios, a produção e o comércio expandiram-se.

Esse desenvolvimento foi de tal forma que a produção artesanal sofreu uma expansão no seu comércio e a produção já não atendia à demanda. Até que, num determinado dia, de um determinado ano, algum *"artesão"* obrigou-se a contratar "aprendizes" para produzir peças, pagando preço justo e combinado pelo trabalho do aprendiz. "Nesse dia, findou-se o *'Período Feudal' e iniciou o Período Mercantil."* Assim foi quando o mundo conhecido e habitado entrou no "Período Mercantilista".

Se no Período Feudal o trabalho era servil (gratuito), e o comércio era fundamentado no "escambo" – troca de produto, no

Período Mercantilista o trabalho passou a ser pago, em moedas, e valorizado. Com isso, o comércio, que era à base do escambo – troca – no feudalismo, passou a ser na base de *compra e venda*, com moedas cunhadas, no mercantilismo. E os "burgueses, que já eram hábeis comerciantes, já lideravam o comércio, entre os Países, Impérios e Continentes". Tornaram-se dominantes do comércio, dos mares e enriqueceram-se, chegando aos mais altos postos das administrações, até Primeiros Ministros. "É conhecido na história, esse período, como: a 'Ascensão da Burguesia.' Foi o mercantilismo que deu origem aos Grandes Descobrimentos marítimos, já no final do Período Renascentista e início da Idade Moderna.

Retornando aos primeiros Membros da Ordem e chegando ao Período Feudal, vamos encontrar as *"corporações de ofícios"*, pois é sabido que a Maçonaria tem suas origens nas corporações de Ofícios Medievais, compostas por trabalhadores especializados na arte de construções de prédios, igrejas, templos, palácios, castelos, muralhas, estradas e pirâmides, entre outras. Como eram livres, eles não se prendiam a nenhum feudo e tinham livre circulação por todos os feudos, donde surge a expressão *"Pedreiros Livres"*. Porém, a partir do século *XVI*, a Maçonaria começa a admitir membros de outras classes trabalhadoras, em seu Quadro. É neste período fronteiriço, entre *a Maçonaria Operativa e a Especulativa, que vamos ter as primeiras provas documentais desta Ordem. E como atividade primeira, da Maçonaria Especulativa, que se noticiam, ocorreu na Inglaterra, na primeira metade do século XVII.* Quando foi registrada a Iniciação dos Maçons Especulativos: Sir Robert Moray e Elias Ashmole, nos anos de 1641 e 1646. Anteriormente, é muito difícil catalogar registros, devido à raridade de escritos, registros e anotações.

Com a intelectualidade de *Ashmole* e *Moray* e suas aproximações para com o *"ilusionismo"*, facilitou-nos grandes subsídios sobre a natureza primordial da Maçonaria. Os dois foram fundadores da *Royal Society de Londres*, datando de *28/11/1660* sua fundação. Os fundadores eram um grupo composto por doze estudiosos e devotados à causa, como: *Ashmole, Moray, Christopher Wrem* – arquiteto, *Robert Boyle* – cientista, *John Willkins* – inventor do sistema métrico, entre outros. Vamos encontrar, ali, o Maçom *Benjamin Franklin* – 1752 – estudos sobre tempestades elétricas; também as pesquisas de *Edward Stone* – 1763 – estudo: uso casca de salgueiro para tratar a febre – descobrimento do *Ácido Acetil Salicílico – AAS,* e a produção de aspirina – hoje, de uso corrente.

Em uma simples análise, podemos observar que a Maçonaria não estava estática, mas que a *Maçonaria Operativa* sofria um lento e gradual processo de transformação, quando atraía, para seus Quadros, os mestres de ofício de construção, artesãos e artistas, os nobres, os cientistas, intelectuais, estudiosos, pesquisadores e profissionais liberais, entre outros.

A nobreza da Maçonaria está na sua integração com as Academias Científicas, integrando-se com as mais antigas do mundo. Portanto, integrando-se, a Maçonaria, com o mundo científico, fato esse que eleva e enobrece a família maçônica e sua origem, existindo como um sol a iluminar o mundo!

Através dos trabalhos, das pesquisas, do compulsar compêndios, mesmo com dificuldades de demarcar o tempo, os períodos ou traçar datas, dias e horas, mas levando à solidariedade, à *liberdade,* à *igualdade e* à *fraternidade, com vistas ao progresso do homem e ao da humanidade.* Somente vamos ter o ano 1717, como campo balizador das certezas e que facilita os estudos e as pesquisas sobre a Maçonaria e sua evolução na sociedade, derrubando as lendas, superstições e os tabus, até hilários aos estudiosos, conhecedores e praticantes da Ordem.

No mesmo ano de 1717, *durante as festas de São João Batista,* quatro Lojas Maçônicas se encontravam em comemoração ao Santo, na *Taverna Goose and Gridiron – (O Ganso e A Grelha),* na Praça da Igreja de São Paulo, em Londres, Inglaterra, quando concluíram e formaram a *Primeira Grande Loja,* cujo edifício hoje já foi demolido (foi demolido no século XIX). A demolição do edifício é um registro da segunda variável, que comprova a criação da Primeira Grande Loja de Londres. Porém, é um tema que não se esgota aqui, pois há tantas outras vertentes que procuram listar o mesmo fato. O que é muito bom! E abre um vasto horizonte ao leitor ou pesquisador.

Porém, o que se sabe e se pode afirmar, indubitavelmente, é que foi em 1717 que se criou a *"primeira Organização Maçônica Pública, formal e legalmente, reconhecida, documentalmente: A GRANDE LOJA DE LONDRES"*.

Seguiram-se os anos e, seis anos após, em 1723, o ministro presbiteriano escocês, *Dr. James Anderson*, publicou as Constituições da Maçonaria. É no bojo da constituição *que vem dois pontos altos da Maçonaria: PRIMEIRO: – "a proibição de temas políticos e sectarismo-religioso, no interior das Lojas". SEGUNDO: – "A exigência, aos membros da Ordem, de possuírem a crença num Ser Supremo" (fé em Deus, como Ser Supremo e Criador, que o chamam de Grande Arquiteto do Universo – G∴ A∴ D∴ U∴ ou G∴ A∴ U∴)*. Ainda, trabalhar, *"viver e agir com amor ao próximo, como a ti mesmo e amor e fé ao Senhor teu Deus sobre todas as cousas. Ser Livre e de Bons Costumes"*, não ser servil e agir com caráter, honestidade, responsabilidade, tendo a liberdade como seu norte. Ser *"Livre e de Bons Costumes"*. Dentro dos Princípios da: *Liberdade, Igualdade e Fraternidade.*

A MAÇONARIA

A Maçonaria é uma *"Sociedade Fraternal"*, que admite, em seus Quadros, *"Homens Livres e de Bons Costumes"*, sem distinção de *"raça, religião, ideário político ou posição social"*. Tendo como exigência precípua que:

> *"O Candidato tenha fé e acredite num Princípio Criador – (Fé*

em Deus, como Criador de tudo e todas as cousas)", tenha boa índole, respeite a família e todos que lhe rodeiam, possua um "espírito filantrópico" e o propósito inabalável de ir em busca da "perfeição", aniquilando seus vícios e trabalhando para uma constante evolução de suas "virtudes". Cavando Masmorras aos Vícios e Construindo Templos à Virtude. Ser Livres e de Bons Costumes. Amar ao próximo, como a ti mesmo. "Amar o Senhor teu Deus sobre todas as cousas." SER SOLIDÁRIO, LUTAR PELA LIBERDADE, PELA IGUALDADE E PELA FRATERNIDADE. Ter amor e defender a Pátria, onde vive; respeitar e aceitar as pessoas, com suas diferenças, sentimentos e propósitos, indistintamente de cor, raça, gênero, posição de seu credo religioso, cultural, social, econômica ou sentimento partidário ou intelectual. A Maçonaria abomina a "servilidade", portanto, luta pela liberdade do ser humano, dentro do princípio de que: "O HOMEM NASCE LIVRE E MORRE LIVRE". NÃO CABE A NENHUM SER HUMANO ESCRAVIZAR O SEU PRÓXIMO. DENTRO DA MÁXIMA DE JESUS CRISTO: "AMAI-VOS UNS AOS OUTROS, COMO EU VOS AMEI". E "AMAR AO SENHOR TEU DEUS SOBRE TODAS AS COUSAS".

Reúnem e estruturam-se os Maçons, em "*células*" *autônomas*, denominadas, "*Oficinas, Lojas ou Ateliers*". Cada Loja, no seu "*Oriente*", tem suas organizações e segue a constituição, estatutos e os regulamentos respectivos de sua "*Potência*".

Na atualidade há, aproximadamente, 7 milhões de Membros, na Maçonaria, percentual, este, espalhados nos cinco continentes, habitados e propícios à sobrevivência humana, com o seguinte percentual: 3,2 milhões, 58%, nos Estados Unidos – EUA; 1,2 milhão, 22% no Reino Unido e 1 milhão, 20%, nos demais continentes. Na atualidade, o número de Maçons Regulares, no Brasil, ultrapassa a casa dos 200 mil, divididos em cerca de 4.700 Lojas, reconhecidas e aceitas.

A palavra "*Maçonaria*" é uma forma reduzida e usual de

"*Franco-Maçonaria*". Ela é uma "*sociedade discreta*", com características reservadas e que interessa, com exclusividade, aqueles que participam de seu Quadro. Tem caráter Universal, onde seus Membros cultivam no "*Aclassismo, Humanidade*", os princípios da "LIBERDADE" – *democracia* – "IGUALDADE, FRATERNIDADE", e o aperfeiçoamento intelectual; o que a torna uma associação "Iniciática e Filosófica".

SUA HISTÓRIA

Proveniente do francês, a "*Maçonaria*" é um nome que se deriva da palavra "*Maçonnerie*", que quer dizer "*construção*", "*alvenaria*" ou "*pedreiro*". Seguindo o mesmo Dicionário, é um nome oriundo da Língua Inglesa, "*Mason*" ou francesa, que se fala "*Maçon*"; ambas querem dizer "*pedreiro*". E, ainda, da língua alemã, com a palavra "*Metz*" que significa, em alemão, "*cortador de pedra*". O termo "*Maçom*" é, portanto, um aportuguesamento da língua francesa. É certo que a "*Maçonaria*" vem significar uma "*associação de pedreiros*". E, por extensão, significa "*Obreiros*".

Os pesquisadores e estudiosos da causa costumam apresentar "*a divisão da maçonaria e sua origem*", em "*três períodos distintos*":

1º período: – da Maçonaria Primitiva

2º período: – da Maçonaria Operativa

3º período: – da Maçonaria Especulativa

PERÍODO DA MAÇONARIA PRIMITIVA

Costuma nominar os estudos "*Pré-Maçonaria*" ou "*Maçonaria Primitiva*", *quando este é o período de abrangência de todos os conhecimentos herdados, do passado mais remoto, mais longínquo, da humanidade, até o advento da* "***Maçonaria Operativa***", propriamente dita. Há pesquisadores, de renome, que vão buscar nos vetustos alfarrábios, em terras e povos longínquos e nas "*civilizações primordiais da humanidade*", a origem iniciática da Maçonaria.

Porém, outros estudiosos e pesquisadores, em fatigantes trabalhos de pesquisas, voltam-se ao "*ocultismo*", à "*magia*" e às "*crendices populares primitivas*" *(crendices populares), na busca da origem deste* SISTEMA FILOSÓFICO E DOUTRINÁRIO; o qual sempre preocupa o homem e a sociedade, com suas dúvidas, questionamentos e suas interrogações. Há uma infinidade de controvérsias, levantadas e questionadas por várias correntes, dentro dos quadros da Maçonaria. É fruto de arraigados debates e questionamentos. Entretanto, para a grande maioria dos historiadores, a origem mais aceita é a que determina, que: "*a Maçonaria Moderna é descendente dos Antigos Construtores de igrejas, templos, castelos, palácios, prédios, mausoléus (reais-pirâmides), muralhas e estradas, entre outras construções que estão jungidas às "CORPORAÇÕES DE OFÍCIOS", ainda, no Período Medieval*". É o medievo e suas dúvidas!

As raridades documentais e registrais, com credibilidade, circundam a Maçonaria num passado histórico e nebuloso, tornando-se fatores que favorecem aos escritores, fantasiosos e inverossímeis, que aproveitam o azo para seus subterfúgios e fantasias, no intuito de elevar esta Ordem, o que favorece a criação de uma história, de subterfúgios ou estratagemas, sobre a origem dos primórdios da Maçonaria e sua existência. Não raro, encontramos correntes de estudiosos afirmando que: *a Maçonaria iniciou-se na "Mesopotâmia". Outras correntes jungem os movimentos religiosos "Egípcios" e "Caldeus", como fruto dos trabalhos maçônicos; sem pesquisar a verdade real.* Em outras correntes de estudiosos, temos afirmações de que: O "*Templo de Salomão*" é o berço da Maçonaria. Entretanto são estudos sem a fidedignidade exigida, devido à falta de comprovações sobre a verdade real, sobre os fatos.

Mas o que podemos afirmar, com clarividência, é que: "*A*

Maçonaria adota princípios e conteúdo" milenares, já adotados por instituições, como: as "GUILDAS" e as "HANSAS".

As Guildas eram comuns, na *Inglaterra*, em *compagnonnage* na *França* e em *Steinmetzen na Alemanha, como, também, as Ligas Hanseáticas.* A Maçonaria adotou os sadios e salutares princípios, adotados nestas instituições as quais existiram muito antes da formação dos núcleos de trabalho desta Ordem, quando foram integrados à história, com a denominação de "*Maçonaria Operativa*" ou de "*Ofício*", em respeito aos pedreiros construtores.

PERÍODO DA MAÇONARIA OPERATIVA

A origem da "*Maçonaria Operativa*" está envolta no "*Período Medieval*", em relação às suas origens operativas, designando uma associação de cortadores de pedras, verdadeiramente, os quais tinham como ofício precípuo a arte de construções de igrejas, templos, castelos, palácios, prédios, mausoléus (reais-pirâmides), muralhas e estradas, entre outras construções.

O ofício de pedreiro era uma das profissões mais procuradas, e mais cobiçadas, pela classe do povo, na "*Idade Média*", "*Medievo*" ou "*Período Medieval*". Eram os membros, desta única guilda, que gozavam o direito de ir, vir e estar, em qualquer um dos feudos, portanto, eram considerados "*Homens Livres de Bons Costumes*". E, para não perder suas regalias e privilégios, "o segredo, da arte, deveria ser guardado, com zelo, sigilo e parcimônia".

Com o declínio de "*Império Romano*", a nobreza palaciana de Roma se afastou e se locomoveu das antigas cidades, quando levaram consigo os camponeses, para sua proteção mútua e para defendê-los dos "*bárbaros*" que, comumente, os atacavam; era o início do Período Feudal. Foi quando se iniciou, na Europa, o Sistema de Produção, estribado na Construção Servil, com os senhores feudais explorando o trabalho, praticamente, escravo, dos feudatários. Onde os nobres exploravam o trabalho gratuito (trabalho servil), do povo, dos "*feudatários*", em troca de um percentual da produção; era o "*feudalismo*" ou "Período Feudal", *propriamente dito*. A produção era artesanal; o trabalho era servil e gratuito nos Feudos, e o comércio era feito na "*base do escambo*" troca de produtos.

Os nobres que se fixaram nas novas terras (nos chamados Feudos) dependiam de segurança para sua sobrevivência e a Manutenção do Feudo. Desta forma, a nobreza precisava e dependia de castelos, para sua habitação, e de fortificações, "*muralhas*", para sua segurança e a proteção de seu Feudo. Nesse diapasão, como arte da construção não era um trabalho nobre, eles deveriam ir buscá-la no meio povo e, ainda, como as atividades "*agropecuárias*" e a de "*construção*" não eram correlatas, conheceu-se, então, o surgimento de uma nova classe social: "*os construtores*". Estes eram herdeiros das técnicas da construção civil, tanto "*romana*" quanto "*grega*", ou "*greco-romana*".

Nessa época, surgiram as "*Corporações de Ofício*", as quais eram associações, semelhantes aos sindicatos atuais, que englobavam: "*artesões, ferreiros, marceneiros, tecelões, alfaiates, sapateiros, moleiros, pedreiros, sapateiros e outros construtores...*", com os objetivos de atender às necessidades dos feudos, quando tudo era produzido ali, inclusive armas e aparatos de guerras como espadas, archotes, punhais, catapultas, armaduras. Por sua vez, as Guildas, na sua maioria, limitavam-se às fronteiras do feudo, com suas muralhas e fortificações. Em cada feudo havia um exército, preparado para a guerra e, inclusive, no Feudo se cunhava moedas, de acordo com a importância social e econômica do Senhor Feudal.

As "*Guildas dos Pedreiros*" concedia-lhes os privilégios de ir, vir, estar, permanecer e sair; pois eles precisavam se locomover, constantemente, para construir estradas e novas fortificações aos "*templários*". Aos membros do povo era negado esse direito de ir e vir. Na atualidade, este direito de ir e vir nos é cabal e legal, é um direito democrático nos Estados de Direito. Já os "*Segredos da Construção*", estes eram mantidos e guardados com dedicação, zelo, sigilo e responsabilidade, sobre tudo e de todos. Haja vista que, se o segredo se tornasse de domínio público, os privilégios e as regalias, concedidos aos pedreiros, chegariam ao fim, suprimindo-os do privilégio concedido. Além disso, também não havia interesse de se popularizar a profissão de pedreiro, pois este ofício era para poucos. O sistema feudal exigia do povo (dos feudatários) seu envolvimento, constante, com a atividade agropecuária que era trabalho dos vassalos (povo – feudatário). As *guildas* eram associações de mutualidades constituídas, no Período Medieval, entre *as Corporações de Operários*, e *as Corporações de Ofícios: "Regulavam as profissões e eram responsáveis pela elevação do aprendiz à categoria de mestre, mediante testes de aptidões e domínio da profissão, nas variadas atividades profissionais"*.

Nesse período de burburinhos e constantes guerras entre os feudos, quando a ordem social e legal não representava mais nenhuma segurança, e quando tivemos até guerras religiosas, a IGREJA CATÓLICA APOSTÓLICA ROMANA *encontra*, no "*sistema*", um ambiente e um período favoráveis à sua evolução, e impõe o seu domínio sobre a realeza, nobreza, vassalos e até aos guerreiros. É o início do domínio da Igreja Católica Romana sobre o poder civil. Assim, nesse "*Período Feudal*", a igreja se torna uma importante, ou quiçá, a maior "*Proprietária Feudal*" e "*Detentora Política, Social e Econômica*"; "*dominando tanto o poder espiritual, como temporal, e também o poder material; isto é, dominou o poder temporal, espiritual e o material – civil; dominou o poder político do mundo cristão*". Foi nesse período que proliferaram seus mosteiros, reproduzindo toda sua estrutura, que já, adredemente, vinha num lento progresso. A Igreja dominou o interior dos feudos e deteve o "poder político, econômico, cultural e científico" desta época, a qual fora, uma época tão conturbada, que deixou marcas indeléveis do Período Feudal. Fora, deverasmente, o período feudal muito conturbado e de grandes agitações sociais e bélicas.

PERÍODO DA MAÇONARIA ESPECULATIVA

A "Maçonaria atual" tem origem na Inglaterra, datando *de 24 de junho de 1717*, quando teve origem a "*Maçonaria Operativa*". Esta fase utiliza os moldes de organização dos "*Maçons Operativos*" e representa a transição da "*Maçonaria Operativa à Maçonaria Especulativa*". Nesse período surge uma composição fundamental de suma importância; foi quando a Maçonaria recebeu, admitiu e protegeu, em seu Quadro: Os *"Intelectuais, Pensadores, Cientistas e os Pesquisadores, entre outros"*. Foi evidentemente, quando a Maçonaria recebeu, admitiu e protegeu, em seu seio: "O PENSAMENTO ILUMINISTA", determinou a ruptura com a "IGREJA ROMANA", implementou e executou a reconstrução física da *"Cidade de Londres"*, a qual se tornou o *"Berço da Maçonaria Regular ou Maçonaria Moderna"*.

Com o passar dos tempos, foram escasseando as construções. O "*Feudalismo*" entrou em declínio, quando conhecemos a Ascensão do "*Mercantilismo*" e, consequentemente, deu-se o declínio da "*Igreja Romana*". E, ainda, surgiu a "*Reforma Protestante*", liderada por *Lutero, John Knox, Calvino, entre outros.*

No período da "*peste negra*", a tragédia dizimou considerada parcela da população mundial, máxime, a da Europa, quando esta foi separada. Mais tarde teve início um movimento intelectual, conhecido por: *"ILUMINISMO" - NO SÉCULO XVIII.* Este movimento defendia e tinha como escopo "A RAZÃO", isto é, "*o modo de pensar*" e o de "*Ter a Luz*". *Todo homem deve decidir o viver e o executar, pela "Luz da Razão"*.

Desta forma, sem sombras de dúvidas, a Inglaterra se torna o berço da *"Maçonaria Especulativa Regular"*. Quando um incêndio de grandes proporções destruiu a tão bela cidade de *"Londres"*, houve a necessidade de reconstruí-la, em setembro de 1666. Esta reconstrução contou com muitos pedreiros para reconstruir a cidade, *nos moldes medievais*, o que foi feito.

Para este mister, aceitaram outras *classes de artífices*. Da união destas pessoas surgiram, lentamente, as agremiações; as quais mantiveram os costumes dos "*pedreiros*", em suas reuniões; quanto ao reconhecimento de seus Membros, através de sinais característicos da "*agremiação*" e dos trabalhadores e mestres da construção.

Como estas agremiações sobreviveram ao tempo, os segredos das construções não necessitavam ser mantidos em total sigilo, como dantes; e eram estudados em público. Estas associações foram de grande valia para o Progresso da Maçonaria, e o método de reconhecimento da "*Maçonaria Operativa*" foi muito útil e eficaz ao modelo que a sucedeu; isto é, que surgiu ulteriormente. A saber: *Ao invés de erguer edifícios físicos, catedrais, castelos, muralhas ou estradas*, o objetivo agora era: *"Erguer o edifício social ideal"*. *"Erguer edifícios às virtudes"*. Tendo a Maçonaria, como objetivo precípuo, *"Construir Masmorras aos Vícios e Construir Templos às Virtudes"*.

MAÇONARIA E RELIGÃO

Na Maçonaria Universal Regular ou Tradicional, professam pela via Sagrada, o acolhimento a todos os *"Homens Livres e de Bons Costumes"*, seja qual for o seu "*credo*" religioso; nas "*Lojas*", se reúnem sob a invocação do *"Grande Arquiteto do Universo"*, que é o *"Ser Criador, que é Deus, tratado por G∴ A∴ D∴ U∴"*, tendo como fonte o *"Livro Sagrado" (a Bíblia Sagrada)*, o *"Esquadro e o Compasso"*. Há a permissão da presença de mais um Livro Sagrado, sobre o "*Altar dos Juramentos*", o que comprova o espírito de tolerância da Maçonaria Universal e Regular para as diferentes crenças, de seu Quadro.

O Grande Arquiteto do Universo, em sua etimologia, se refere ao Principal *"Planejador e Criador"* de tudo que existe, máxime, do mundo material. Para Demiurgo: (*"Artífice ou criador divindade responsável pela criação do universo físico" – "Aquele que trabalha para o público, artífice, operário manual – o povo"*; independente de uma fé professada ou religião específica, esposada pelo membro).

Em suma, a designação *"Grande Arquiteto do Universo"*, representado pela sigla *"G.·. A.·. D.·. U.·."*, é um tratamento maçônico, ao Criador, Deus, Alah, Jeová, Javé, Buda, Brahma, Maomé, Jesus Cristo, entre outros; que é uma força superior, planejadora e criadora de tudo que existe. Cabendo a cada membro cultuar a sua fé no Criador Supremo, Católicos, Muçulmanos, Árabes, Judeus, Budistas, Xintoístas, Bramanistas, entre outros.

Sob esse tratamento, não se faz reverência a nenhuma das religiões ou fé, professada pelos Membros de seus Quadros e respeita a todos, indistintamente. Permite-se, assim, que os Maçons masculinos, católicos cristãos e demais seitas cristãs, judeus, árabes, budistas, as correntes espíritas e outras filosóficas ou não, se reúnam numa mesma Loja maçônica, sem quaisquer distinções. Única exigência que é feita é que cada um dos Membros da Ordem tenha fé e seja temente ao Criador, amando ao próximo como a ti mesmo. Para um Maçom de origem Católica Cristã, Evangélica ou outra seita, o tratamento "G.·. A.·. D.·. U.·." lhe remete a Deus, enquanto a um mulçumano se refere a Alah. Portanto, nas reuniões de uma Loja, podem chegar a conviver, pacífica e altruisticamente, Irmãos das mais variadas crenças e credos, sem interferir e questionar seus conteúdos ou programas dogmáticos.

JUDAÍSMO E MAÇONARIA

Com a Alemanha sob o poder de *Adolf Hitler*, evidenciou-se que a Maçonaria alemã corria sérios riscos e poderia até desaparecer do cenário nacional alemão. Assim, como o ódio e perseguição aos judeus e ciganos.

Grande parte dos princípios éticos maçônicos é herança do "judaísmo", fundamentada no "*Antigo Testamento*". De forma que os "Ritos e Símbolos" maçônicos e de outras sociedades secretas ou discretas nos reportam à reconstrução do "*Templo de Salomão*", à "*Estrela de Davi*", e ao "*Selo de Salomão*". Como, também, os nomes dos diferentes Graus, por exemplo: "*Cavalheiro Kadosh*" – (*"Kadosh" – palavra hebraica, que significa "santo"); "Príncipe de Jerusalém"; "Príncipe do Líbano", "Cavalheiro da Serpente Airam"* e assim segue. Portanto, a Maçonaria tem na "*luz*" um importante Símbolo, o qual é oriundo do judaísmo, como tantos outros.

O "*Chanukah ou Hanukkah*" é um dos grandes feriados judaicos – é uma efeméride nacional. É o "*Festival das Luzes*", quando comemoram a vitória do povo de "*Israel*", sobre os que tinham determinado que a prática da religião seria um crime de lesa-pátria, portanto, punível com a morte; isto por volta do ano de 165, da *E.·. V.·.* – (para nós, 165. a.C.) –, ocorre que os judeus substituem o a.C antes de Cristo e o depois – d.C. – pelo antes e depois, por Era Vulgar – "*E.·. V.·.*". Tendo na "LUZ" UM dos mais densos e importantes Símbolos da Maçonaria; quando "*luz*" representa, *aos Maçons da linha inglesa,* o "*Espírito Divino*", a "*Liberdade Religiosa*" e, sendo *para os Maçons da linha francesa* – "*A ilustração e o esclarecimento*"; "*o que clareia o espírito e é a claridade intelectual do homem enquanto ser construtor*".

O majestoso "*Templo de Salomão*" é outro símbolo compartilhado. Figurando, com suma importância, numa parte central, na "*Religião Judaica*", não só por ser o "*Rei de Salomão*" um dos maiores e mais venerados personagens de "*Israel*", mas, também, pelo Templo de Salomão representar o "*Zênite*" da religião Judaica. Para tanto, a Maçonaria, aliou-se à figura de Salomão, à da construção do Templo, na qualidade de construtores, como os são – pedreiros, geômetras e arquitetos. De forma que os rituais maçônicos estão recheados de lendas sobre a construção do Templo de Salomão. Basta compulsá-los. Neste diapasão, os Maçons dividiram o período em três Salomões: O "*Salomão Maçônico*", o "*Bíblico*" e o "*Histórico*", como forma de estudar e compreender suas fases históricas.

O *"aprendizado e o progresso" – perfeição do ser humano* – é uma unidade, em comum, com esforços pessoais e na ordem, tanto na *Maçonaria* quanto no *Judaísmo*, tendo a *dedicação, ordem, caráter, amor ao próximo e o aprendizado,* como excelsas exigências, muito embora, com *liberdade;* pois todo Maçom tem que ser: *"Livre e de Bons Costumes"*, *"Cavar Túmulo aos Vícios, Masmorras às Vicissitudes e Templos às Virtudes"*. No judaísmo há uma cultura que tem grande tradição, a de impulsionar o maior número de judeus, a se destacar, com notável dedicação, aos conhecimentos: *das artes, literatura, ciência, tecnologias e em todos os campos do conhecimento humano e das profissões.* Durante séculos, os judeus têm se destacado nos mais variados campos do conhecimento humano; fator, este, que os levam à melhoria e ao empenho de melhoria, progresso e evolução de suas redes escolares e de seus sistemas de educação, com suas escolas e centros de ensino que comprovam suas dedicações a esta área do aperfeiçoamento humano. Tendo na educação um alicerce basilar do progresso da humanidade.

Destaca-se o reconhecido progresso, nas *"escolas talmúdicas"* – as *"Yeshivas"* – oriundo do verbo *"Lashevet"*, que quer dizer *sentar-se*, designando bancos escolares. É onde tem início o progresso e a evolução do homem. E, para aprender a apreender sentar-se, nos bancos escolares, é imprescindível para o progresso do homem, da sociedade, dos países e o da humanidade.

Na Maçonaria há uma preocupação constante e diuturna com o progresso, com a evolução e o desenvolvimento intelectual dos seus *"epígonos" – (aqueles que nascem depois – representantes da geração seguinte – descendentes – discípulos – seguidor – oriundos da geração precedente...).* Não se preocupam somente em melhorar e aperfeiçoar suas escolas, no campo da "fraternidade" e do "civismo"; mas preocupam-se com a perpetuação dos seus ideais e a manutenção de uma das mais ricas e brilhantes tradições do Mundo Moderno. É a preservação e a manutenção das: *tradições, língua, usos e costumes de seu povo; isto é, de seus ancestrais.*

Com a ascensão de "Adolf Hitler", ao poder, na Alemanha, logo se soube que iria perseguir os judeus. No início de 1934, já se evidenciou que haveria perseguição e caça às bruxas, quando a Maçonaria Alemã, também, corria um sério risco de desaparecer e cair no ostracismo, como desejavam os mandantes e detentores do Poder Alemão.

Conforme pesquisas e estudos, "*O Museu Alemão da Maçonaria*", *em* "*Bayreuth*", abrigava livros de renomados escritores e de grande valor histórico. Era uma literatura que constituía o "Centro da Investigação Maçônica na Alemanha". Essa biblioteca apresentava um crescimento de forma exponencial, sendo um centro que abrigava pesquisadores do mundo todo. Esse número literário de 1930 teria, hoje, mais de 2.000.000 de livros. Porém, os nazistas saquearam e dissolveram a "*Grande Loja Simbólica da Alemanha*".

Saquearam, ainda, a "*Grande Loja da Holanda* e a *Grande Loja da Noruega,* também, em *França*". Causaram uma grande perda histórica e literária da Humanidade, as quais jamais poderão ser recuperadas.

Os Nazistas viam, nos judeus, "*uma total ameaça*" e, devido aos seus supostos poderes econômicos – *amealhavam capitais com seus trabalhos e esforços* – e, também, pelas "ideias" que pregavam, máxime, "*o Liberalismo Democrático*". A *Maçonaria*, por sua vez, sendo "*Liberal e Democrática*", pregava a "*Liberdade, a Igualdade e a Fraternidade*" entre os homens; ação, esta, que preocupava os "*déspotas e fanáticos religiosos*", como também os "*políticos*" de todas as correntes e segmentos, que eram, na maioria das vezes, desonestos e corruptos.

De acordo com a cronologia que chegou a nossas mãos, temos:

CRONOLOGIA

Em 10/12/1934 – Adolf Hitler dissolveu a Grande Loja Simbólica da Alemanha, quando suspendeu todos os seus trabalhos, no território alemão. E seus membros prosseguiram em *Jerusalém* e *Sarrebruckn.* Na medida do possível.

Em 08/08/1935 – Adolf Hitler decretou a dissolução da Maçonaria, em toda a Nação Alemã. Os templos maçônicos são saqueados e muitos Maçons alemães foram presos e assassinados. A Grande Loja de Hamburgo recebeu asilo da Grande Loja do Chile, onde dá continuidade aos seus trabalhos maçônicos.

Em 01/01/1938 – O Partido Nacional Socialista, de Hitler, lançou um manifesto contra a Maçonaria. Todos os mandatários, máxime os autoritários, acreditam que vão se perpetuar no poder, quando tomam as chamadas *"medidas intoleráveis"* contra o povo. É o início de sua queda, do poder.

CATOLICISMO E MAÇONARIA

Um dos maiores combatentes e ferrenho adversário da Maçonaria foi, indubitavelmente, o "PAPA LEÃO XIII".

A *"Igreja Católica"*, em sua história, já se opôs e fora antagônica, radicalmente, à Maçonaria. Fato que se deve aos princípios, que *"supunham" "anticristãos"*, *"libertários"* e *"humanistas"* maçônicos.

O Primeiro documento *"católico"* condenando a Maçonaria *data de 28/04/1738*. Foi através da conhecida *"Bula"* do *"Papa Clemente XII";* cuja denominação era "IN EMINENTI APOSTOLATUS SPECULA", que ficou muito conhecida.

Seguindo-se a esta, que foi a primeira condenação à Maçonaria e seus membros católicos cristãos, surgiram outras mais, ultrapassando mais de 20 outras condenações, sendo que o "PAPA LEÃO XIII" foi combatente e opositor de elevado antagonismo contra a Maçonaria; chegando a designá-la de: *"Reino de Satanás"*, no ano de 1884. Porém, *a última condenação da Maçonaria data do ano de 1902*, através da **"Encíclica"** *"Annum Ingressi"*, a qual fora encaminhada a todos os *"Episcopados"* existentes no mundo. Ela determinava aos *"bispos"* a necessidade, premente, do combate à Maçonaria, e se opunha, de forma radical, a esta Sociedade Secreta, cuja sociedade, este Papa entendia que fosse antagônica ao catolicismo e suas igrejas.

Mesmo com estas determinações proibitórias, há veladas informações, de que "PAULO VI" e *alguns Cardeais da Igreja, se relacionaram com uma determinada Loja*. Porém, não é uma afirmação, mas somente uma alusão. É um fato que necessita de provas e documentos sobre a verdade real, sobre as alegações, até então, vazias e carentes de estudos e pesquisas. Dessa forma, a condenação da Igreja é determinante, e em nada mudando ou suprimindo, ainda que alguns de seus membros clericais tenham, de alguma forma, se associado à Sociedade Secreta que conhecemos, onde comungamos e a estudamos.

A MAÇONARIA NO PERÍODO DO "BRASIL IMPÉRIO"

No *"Período Imperial Brasileiro"*, houve alguns *clérigos Maçons*, quando alguns Bispos *"ultramontanos" (além dos montes – partidários da autoridade absoluta do Papa, no que se refere à fé e à disciplina – doutrina teológica)* interferiram, veementemente, contra a ação dos religiosos; esta intervenção Episcopal causou um sério transtorno e um grande conflito, no Império Brasileiro, com larga repercussão, que ficou conhecido, na História, como: "QUESTÃO RELIGIOSA".

Nessa celeuma, *"Dom Vital"*, um dos principais Bispos antimaçônicos, na época, era Bispo do Episcopado de Olinda-PE, onde obteve grande apoio popular; entretanto, ele acabou preso pelas autoridades do Império brasileiro, obviamente as que eram defensoras da Maçonaria. Mas não parou nisso, somente. Após sua libertação, do cárcere, ele foi chamado a Roma, onde e quando foi congratulado e condecorado pelo *Papa – SS. PIO IX*, por sua bravura e resistência, no domínio da Igreja. E mais: ele foi recebido com júbilo e paternalidade pelo Papa, quando este, por sua vez, emocionado, dirigiu-se, ao Bispo, com o carinhoso tratamento de: "*Mio Caro Olinda*". Mas, dessa forma, esta "Questão Religiosa" foi longa e levou a outras pendengas.

Através dos dogmas eclesiásticos, oriundos de "Bulas Papais", determinaram: "A PENA DE EXCOMUNHÃO" para os *católicos cristãos que se iniciassem na Maçonaria. A determinação de excomunhão aos católicos cristãos, Maçons, PERDUROU ATÉ O ANO DE 1983*, quando parecia ter findado este abominável ato excomungatório, e quando finalmente entenderam que a Maçonaria é uma associação, onde militam os membros de todas as religiões e seitas, com *Liberdade, Igualdade e Fraternidade*, com vistas à evolução e ao progresso da humanidade, cada qual professando seu credo religioso e sua fé. Porém, é necessário que o Membro seja: "*Livre e de boa fé*" (Livre e de Bons Costumes), *que Cave Túmulo aos Vícios e Construa Templos* às *Virtudes* e, obrigatoriamente, tem que crer no Senhor teu Deus e amar ao próximo. Sendo estas as exigências, da Ordem, para uma Iniciação.

Esta dúvida ocorreu com a formação do novo "*Código de Direito Canônico*", quando a excomunhão, aos católicos Maçons, foi abolida dos dogmas eclesiásticos. Quando, para muitos, a Igreja deixou de condenar, explicitamente, a Maçonaria e os Maçons Católicos Cristãos e que havia Iniciados na Ordem. Mas não tardou para que, através da *Congregação para Doutrina da Fé Cristã*, a Igreja esclarecesse esse mal-entendido e afirmar que permanece *a pena de excomunhão*, para o católico que se associar à Maçonaria. Portanto, continua sendo este um embate travado, que não sabemos qual será o seu resultado. Somente o tempo dirá! Mesmo nos dias de hoje, em que a Igreja Católica vem perdendo espaço, quando centenas de milhares de Católicos afastam-se da Igreja Católica e abraçam as Igrejas Evangélicas, onde se sentem melhores recebidos. Cabe à Igreja Católica rever sua posição, suas doutrinas e atos para coibir esta evasão de Católicos a outras Igrejas Evangélicas. E, neste ato de renovação e evolução progressista, chamar os católicos à Igreja, quando, deve analisar a situação da Excomunhão do Maçom Católico Cristão, já que muitos destes são militantes e atuantes na Igreja Católica, porém proibidos de participar da Eucaristia e outros Sacramentos. É um abuso clerical e um tolhimento da liberdade de escolha do ser humano. Ato que Jesus Cristo condenou, quando disse aos discípulos: *"Ide e pregai o Evangelho a todos os povos", o que quer dizer, sem distinção de pessoas*; e quando se abriu as portas das Igrejas, que Deus determinou aos seus filhos, sem enumerar quais fossem.

PROTESTANTISMO E MAÇONARIA

Podemos observar, pesquisando, a Catedral Luterana de: *"Helsinque Finlândia"*, a qual apresenta os traços da arquitetura maçônica, com elogiável evidência.

Como ficou assentado, *"a Maçonaria Especulativa"* nasceu no interregno da *"Reforma Protestante"*, fato negado até os dias atuais, pela referida. Tem a Bíblia como única regra de fé e conduta. Esta é a linha perseguida pelos protestantes. E, como é de amplo conhecimento, *"James Anderson"* foi o autor da Constituição Maçônica – *"a Constituição de Anderson"*. Ele era, indubitavelmente, um *"Pastor Presbiteriano"* que militava e muito contribuiu ao progresso da Maçonaria, máxime, a Especulativa.

Também não podemos deixar de mencionar *"Hippolyte Léon Denizard Rivail", Dr. em Medicina*, o qual é, amplamente, conhecido por seu pseudônimo "ALLAN KARDEC", o qual teria sua Iniciação na *"Grande Loja Escocesa Maçônica de Paris"*. Se analisarmos suas obras, elas trazem, em seu bojo, já na parte introdutora e inicial, vários termos do jargão Maçônico e das doutrinas maçônicas, o que comprova que ele tinha domínio e conhecimento da Maçonaria.

ESPIRITISMO E MAÇONARIA

Alguns biógrafos são patentes em afirmar que, após alguns anos, se preparando, "Hippolyte Rivail – Allan Kardec" deixou, por um espaço de tempo, *o castelo de Yverdon,* quando foi estudar medicina, na faculdade de "*Lyon*". Neste período a "*França*" vivia a restauração do "*Império dos Bourbons*", e ele agora estava em sua pátria, realista e católica, mas sentia-se um caraíba, solitário e sem ambiente. Quanto a *Lyon,* esta, sempre ofereceu asilo, em todos os tempos, às ideias liberais e às doutrinas heterodoxas, sem discutir suas causas. De forma que é comum compulsar registros sobre: o "*Martinismo e a Franco-Maçonaria*", "*O Carbonarismo e São Simonismo*", porque seus registros são comuns, em seu âmago.

Segundo algumas biografias, o pseudônimo "*Allan Kardec*", adotado pelo *professor Rivail,* objetivava diferenciar a "*Codificação Espírita*", de seus trabalhos pedagógicos que a antecederam, tornando inteligível cada fase.

Este pseudônimo é fruto de revelações espíritas, quando foi lhe revelado que "*Allan Kardec*" viveu, em vidas antecedentes, com os "*Druidas*", na "Gália". E que, em seus trabalhos de Codificação, o "codificador" deveria chamar-se "Allan Kardec". Isto, conforme algumas fontes.

BUDISMO – HINDUÍSMO E MAÇONARIA

Siddhartha Gautama (BUDA) – *(nascido no ano de 560 a.C, no séc.* VI a.C, *filho do Rei do povo "Sakhya" – na fronteira da Índia com Nepal –, cognominado por* ***"Buda"*** *– o* ***"Iluminado"***, *em Sânscrito –, foi o criador do "**Budismo**")*. Segundo alguns estudiosos, "Siddhartha Gautama – Buda" atingiu o "NIRVANA", sob a sombra duma figueira.

Como escola iniciática que é, a Maçonaria tem muitos pontos em comum com o "*Budismo*". A Ordem Maçônica pugna pela *Ordem*, pelos *Bons Costumes*, pela *fraternidade* e pela *tolerância;* entretanto, *respeita a liberdade de consciência do homem* e não admite a imposição *dogmática* (exceto a da Lei Natural, ou Darma). Muito embora, com leves mudanças, As "*Quatro Nobres Verdades*" e os "*Oito Nobres Caminhos*" estão presentes na extensão *Doutrinária Maçônica*, a qual ensina e determina, aos Iniciados, o desapego ao *materialismo*, que é *efêmero*, e determina *a busca da paz espiritual, a busca interior, através das boas obras, das boas ações, com uma vida regrada, com um procedimento correto e com palavras verdadeiras.* Quando tem na "*verdade*" a "luz" do progresso pessoal e os degraus para o crescimento de cada ser, facilitando a evoluçao da Maçonaria. É a busca da perfeição! Com a máxima: "*Tudo que entra na boca é alimento; veneno é o que sai da boca*". **"Corrija a ti!"**.

A permanência dos "Budistas" na Maçonaria é de difícil entendimento, pois a Ordem Maçônica exige que o Maçom acredite num "*Ser Supremo e Criador*" de todos os mundos, enquanto no "*Budismo*" o Deus Criador é inexistente. Então, vem o entendimento e a compreensão da realidade, sob o conceito de G∴ A∴ D∴ U∴, uma vez que o conceito de G∴ A∴ D∴ U∴ usado na Maçonaria é inexistente no "*Budismo*". Para os "Budistas", não há "*Princípio*" nem "*Fim*", enquanto é diferente o que ocorre no "*Hinduísmo*" e no "*Bramanismo*" – *(este é uma versão mais requintada do Hinduísmo). Sendo estes, os mais antigos troncos religiosos,* tendo como berço a Índia e são originários da religião *Védica* – (do VEDA – *as Escrituras Básicas – RG, Yajur – Sama* e *Atharva* – vedas. *Os puranas, com destaque:* **O Srimad Bhagavatam. VÉDICA:** É a cultura associada ao povo que *compôs os textos* *a.C. religiosos, conhecido por vedas – são quatro textos escritos em sânscrito, por volta de 1500 a.C, tendo por base as Escrituras Sagradas do Hinduísmo = povo que viveu há cerca de 5.000 anos, passados no vale do Rio Indo, na Índia Antiga).*

Por sua vez, a Maçonaria é considerada *Uma Ordem Iniciática Teísta* – (**Teísta**, *conceito do* séc. XVII, antagônico ao moderno Ateísmo, Deísmo e *Panteísmo. Do Grego* "THEOS = DEUS" – É a crença num ou mais deuses – *porém, crê num Ser Supremo. É a crença num Deus e opõe-se ao ateísmo).*

Não faltam algumas vertentes religiosas, que consideram o "*Budismo*" como sendo uma religião *Ateísta* – (**ateísmo**: É a rejeição e a ausência de crença na existência de divindades e outros seres sobrenaturais. O **ateísmo** é contrário ao Teísmo; quando este crê na existência de, pelo menos, uma divindade Criadora); por sua vez, os próprios "*budistas*" não se consideram "*ateístas*". Entretanto, seus textos, transcritos por seus mestres, discípulos e seguidores, não citam, em nenhum dos seus textos e sutras, a figura de Deus, como são citados nas religiões Cristãs.

Nesse diapasão, os budistas poderão ser chamados de "*não teístas*"; ficando a critério de cada um dos budistas, *crer* ou *não* num *Criador do Universo*, na personificação de DEUS, como os CRISTÃOS. E, desta feita, os "*budistas*" possam se tornar Maçons, sem reserva alguma. O "*Budismo*", para seus seguidores e adeptos, atua como uma filosofia de vida, quando prega a prática de suas ações, no cotidiano, sendo contrária aos dogmas de outras religiões.

Os ensinamentos presentes no "*budismo*" estão voltados, máxime, ao reconhecimento da natureza, da realidade, do cotidiano, como uma forma de livrar os seres das insatisfações, da dor, do desamor e do sofrimento; como, também, libertá-los de uma Lei Natural ou Força Superior, a que chamamos de "*Dharma*" e que rege o Universo. É chamada: a "*Lei de Causa e Efeito*". (DHARMA): – *do idioma do Antigo Sânscrito, que significa: "aquilo que sustenta, que mantém" – "Justiça Divina" – "Lei Natural" – "Re-*

alidade" – *"que sustém e que une e mantém"* – *é a verdade* – *é a direção* – **"é o caminho da verdade excelsa" – "a Ordem Subjacente da Natureza"** (como as coisas são – *é a realização de uma natureza inerente*).

No Budismo, há um elevado respeito às criaturas vivas, o que obriga, aos adeptos da doutrina, ter respeito e considerações aos seres humanos e viverem em *paz, harmonia* e *fraternidade* com cada semelhante. É o princípio basilar de amor ao próximo e da felicidade do homem.

MAÇONARIA E SOCIEDADE

Não se pode negar que, nos grandes movimentos históricos mundiais, a Maçonaria esteve presente e determinando, com elevada influência e decisão, tais como: a *"Revolução Francesa"* que culminou com a *"Queda da Bastilha"* – a "Independência dos Estados Unidos" – EUA – USA – a *"Conjuração Mineira"* – a *"Independência do Brasil"*, entre tantos outros movimentos sociais, que se possam enumerá-los. A partir da Revolução Francesa, a participação da Maçonaria tem sido uma constante, em levantes, sedições, revoluções, lutas políticas e nas guerras separatistas, em vários Países "*Europeus*" e "*Americanos*". No Brasil, marcou, máxime, em suas lutas, como: a *"Inconfidência ou Conjuração Mineira"*, *"Independência do Brasil"*, contra o jugo, imposto pela Metrópole de Lisboa; na *"Revolução Farroupilha"*, cognominada "Guerra dos Farrapos", no extremo Sul Brasileiro, mais precisamente no Rio Grande do Sul, quando foram legados os Símbolos Maçônicos à Bandeira Gaúcha; Unidade Federada do Brasil. Além de ceder seus símbolos a várias outras Unidades Federadas Brasileiras, o que é uma evidência. Um exemplo é a Bandeira Mineira, com seu Símbolo Maçônico.

Os movimentos revolucionários, sobretudo os intelectuais, inspiraram a Maçonaria Brasileira, máxime, com a divulgação *"Dos*

Direitos do Homem" e de um *"Governo Republicano";* tendo como ponto de partida a "Revolução Francesa", que culminou com a "Queda da Bastilha" e a derrocada das *"Monarquias Absolutistas"* e seculares da "*Europa*". Originando a morte, na guilhotina, de Dominantes Absolutistas europeus, como se conhecem na História.

Todas essas efervescências foram originadas pelo movimento intelectual, que ficou conhecido e denominado: "O ILUMINISMO". A Revolução Iluminista, que teve como cerne primordial o agir e lutar iluminados pela *"Luz da Razão"*. Movimento liderado pela Maçonaria e a Intelectualidade da época e que dominou a Europa, a América e alguns outros países de outros continentes. Tendo como meta "A LIBERDADE" e a "DEMOCRACIA", estribadas no tripé: *"Liberdade, Igualdade e Fraternidade".*

O Iluminismo criou novos ideais, tanto na *"Europa"* quanto na *"América";* e estes ideais deram origens aos movimentos do *século XVIII*, elevando os espíritos e a autoestima dos colonos americanos, habitantes das "Treze Colônias" inglesas, na América, na luta pela liberdade. Como se sabe, estes colonos vieram para o Continente Americano, na busca da liberdade religiosa e política, condição que não tinham, na Europa e em alguns países de outros Continentes.

Como a Maçonaria é "Universal", caracteristicamente, devido à aceitação, em seu Quadro, de todos os cidadãos, como filiados. Muito embora, exija suas qualificações, quais sejam: *"Homens Livres e de Bons Costumes*"; sem contestar sua "*raça*", sua "*nacionalidade*", seu "*credo*", e nem sua tendência ou ideologia política e filosófica. E que *"Cavem Túmulos, ou Masmorras, aos Vícios e Construam Templos às Virtudes".*

Com exceção dos adeptos do "*Comunismo Teorético*", porque em seus princípios filosóficos e fundamentos negam o direito de liberdade individual e da autodeterminação, ao homem.

Desta forma, as Potências e Lojas têm suas autonomias, somente, no que se relaciona às suas administrações, de modo que

Grão-Mestres e Mestres de Lojas não poderão, de forma alguma, se pronunciar em nome da "*Maçonaria Universal*". Muito embora, quando "autorizados" por suas "*assembleias*", estejam liberados e podem se pronunciar, oficialmente, porém, sobre o desenvolvimento dos trabalhos, atos e ações realizados ou em curso, como, também, sobre a escolha da forma e do direcionamento de suas atividades *sociais* e *culturais*; as quais estejam efetuadas, em curso ou programadas, e quais objetivos almejam e quais campos de atividade humana pretendem trabalhar.

O ILUMINISMO

"*Iluminismo*" ou "século das luzes" *foi um movimento cultural da elite intelectual europeia*, que ascendeu e prosperou no *século XVIII*, quando mobilizou "*o poder da razão*", o qual tinha como escopo primordial a "*Reforma da Sociedade*" e dos "*conhecimentos oriundos do Período Medieval*". Buscava os "*conhecimentos da natureza*" e "*sua utilidade ao homem moderno e progressista*". Abriu-se ao intercâmbio intelectual e combateu as "*intolerâncias da Igreja*", do "*Estado*" e do "*Absolutismo Monárquico*". *Ambos, Igreja e Estado, determinavam e impunham a servilidade ao homem*. E isto quando a Maçonaria determina a liberdade do homem, visando o progresso da humanidade em todos os campos da atividade humana.

Apesar de ter havido vários príncipes que reinaram e fomentaram o Iluminismo, até tentando fomentar suas ideias quando no "*governo*", mas não conseguiram, devido à contumácia do "absolutismo", que os impedia.

O Iluminismo compreende o período do ano de 1650 a 1700, quando foi despertado pelos filósofos "*Baruch Spinoza*" – *(1632 – 1677)*; "*John Locke*" – *(1632 – 1704)*; "*Pierre Bayle*" – *(1647 – 1706)*; "*Isaac Newton*", *(1643-1727)*, "*Diderot*" – *(1713-1784)*;

"D'Alembert" – "A Encyclopedia"; "Voltaire" – (1694-1778); "Montesquieu" – (1689-1735), Jean Jacques Rousseau, entre outros de renome.

O Iluminismo atingiu todos os quadrantes Europeus, porém teve como berço, a "*França*", onde viveu seu apogeu, seu progresso e sua evolução; foi em "Paris", de onde se irradiou aos centros urbanos de toda a Europa, como destaques: *Inglaterra, Escócia, os Estados Alemães, Países Baixos, Rússia, Itália, Áustria, Espanha e Portugal.* Na sequência, transpôs o Atlântico e ancorou nas *"Colônias Europeias da América"*, onde influenciou e contaminou a intelectualidade de *Benjamin Franklin* e *Thomas Jefferson*, entre outros muitos, com preponderante papel na *"Revolução Americana", que culminou com a independência dos Estados Unidos da América.*

Os ideais políticos ainda tiveram influências: na "*Declaração de Independência dos Estados Unidos da América*"; da "*Carta dos Direitos dos Estados Unidos*"; da "*Declaração Francesa dos Direitos do Homem e do Cidadão*"; da "*Constituição Polaca – Lituana*" – *(03/05/1791);* além de uma série de *revoluções, levantes e independências de países* do Continente Americano.

Nas Colônias Americanas Portuguesas, os ideais *iluministas* tiveram grandes influências, máxime, com os escritos econômicos de: *José de Azeredo* e *José da Silva Lisboa,* que são considerados, também, verdadeiros iluministas; além de diversos intelectuais que participaram de movimentos e revoltas anticoloniais, no final do *século XVIII. No Brasil, tivemos Claudio Manoel da Costa e Tomás Antônio Gonzaga* – na "Conjuração Mineira", onde se destacou *"Joaquim José da Silva Xavier"* – conhecido por "TIRADENTES". A relação é extensa e não esgota aqui, levando o leitor a novas pesquisas.

Considera-se o "*Iluminismo*" um conceito que engloba uma série de tradições intelectuais e filosóficas, sociais e políticas, com correntes de intelectuais e, sobretudo, segmentos religiosos. Do iluminismo irradiaram-se vários *"micro iluminismos"*, com diferenciadas especificidades temporais e sazonais, de diferentes matizes religiosos. Como destaque de um *iluminismo tardio*, temos o "ILUMINISMO ESCOCÊS" *(Scottish Enlightenmente)*, onde se destacou: "Adam Smith" – (1723-1790). Porém, não podemos prescindir de: *Francis Hutcheson, Davi Hume, Thomas Reio, Robert Burns, Adam Ferguson e James Hulton*. E o "ILUMINISMO CATÓLICO teve destaque com: *Sebastian Merkle, D. Frei Manuel do Cenáculo* (Arcebispo de Évora); *Padre Antônio Pereira de Figueiredo; Dom Gaspar de Bragança* (Arcebispo de Braga); SEBASTIÃO JOSÉ DE CARVALHO E MELO – (MARQUÊS DE POMBAL)".

Mas poderíamos citar tantos outros Iluministas Maçons, como: *Jean Jacques Rousseau* – "Contrato Social"; Thomas Morus, John Locke, entre outros tantos.

Para os iluministas, os seres humanos têm plenas condições de tornar o Mundo muito melhor, porém, mediante introspecção, livre exercício das capacidades humanas e no engajamento político e social. Por isso, o "*Iluminismo*" sintetiza uma atitude geral: "*Do Pensamento aliado à ação*". É o homem levando o progresso à humanidade e ao mundo através da liberdade e da intelectualidade. São os iluminados pela Luz da Razão e que levam a luz da sabedoria ao progresso do homem, com vistas à evolução da humanidade.

A MAÇONARIA E OS ILUMINISTAS

Respeitando a formação *intelectual* e a *liberdade* autônoma, de cada Loja, no seu respectivo Oriente, para pronunciar e para decidir, em assembleia, conforme determinação de seus Membros; longe em falar sobre influência da "*Maçonaria Universal*", num determinado aspecto, mas, sim, uma Loja ou Grupos de Lojas, de acordo com suas decisões.

No Brasil, por exemplo, quando havia Lojas, ou grupos de Lojas que seus Membros deliberavam sobre um determinado evento ou movimento, tinham livre iniciativa. Conforme, quando se colocavam a favor da *República* e outros Lojas e grupos, a favor de Reinos Constitucionais, como ocorreu no *Segundo Império Brasileiro*. Essas divergências atendem aos *"Princípios da Liberdade Maçônica"*, não se tratando de seus governantes e sistemas políticos – *governantes* ou *rei*, mas que são fatos de ocorrência social; é um *fato social*.

Como as Lojas maçônicas os acolhiam e estavam em segurança, os iluministas filiavam-se às "*Lojas Maçônicas*", pois era um local intelectualmente neutro e livre onde era propício, fecundo e apropriado para discussão e disseminação de suas ideias, máxime, no *séc. XVIII, época* da efervescência dos ideais e da intelectualidade. Época em que os ideais libertários sofriam grandes restrições e perseguições, pelos *governantes absolutistas da "Europa Continental"*. Desta feita, a Maçonaria contribuiu para difundir o "*Iluminismo*", e este movimento intelectual, por sua vez, contribuiu para difusão das Lojas Maçônicas, no Brasil.

Um grupo de palavras que exprime as aspirações teóricas do povo maçônico; é um lema ou símbolo constituído pelo grupo de palavras: "LIBERDADE" – "IGUALDADE", "FRATERNIDADE", as quais elevaram, ao ápice, as aspirações e o aperfeiçoamento da Maçonaria. Esta "*trilogia*" é da origem revolucionária e que foi introduzida na cultura maçônica, através do Imperador Napoleão Bonaparte (cognominado de: "O Pequeno Caporal"), com sua ascensão ao poder francês.

O "*Pensamento e a Ação*" era a máxima do "*iluminismo*". Para os *iluministas*, o ser humano tem condição de melhorar e aperfeiçoar este mundo, através da *introspeção*, do *livre exercício das capacidades humanas* e *do envelhecimento político social*, longe dos desmandos, do autoritarismo, da prepotência, das corrupções e mazelas do poder; mas tendo, sobretudo, o homem – o povo –, a base do progresso de uma nação. A liberdade está para o homem, como a água está para o corpo. A Maçonaria abomina a servilidade humana e lutou, bravamente, contra a escravidão do ser humano. O homem nasce livre e tem que livre morrer. Pois *"Com a criação de uma só pessoa, Deus povoou toda a Terra"*. Portanto, *"Ninguém é diferente, pior, nem melhor, nem superior e nem inferior que outrem"*. O que quer dizer, que todos são livres e iguais e, fraternalmente, como Irmãos têm que ser tratados e reconhecidos. Este é o princípio da *Liberdade, Igualdade e Fraternidade.*

REVOLUÇÃO FRANCESA

O conjunto de acontecimentos do período, entre os dias: *05 de maio de 1789 a 09 de novembro de 1799*, foi um interregno de grandes efervescências, no mundo europeu, máxime, na França, quando alteraram, totalmente, o quadro político e social "FRANCÊS", cujo movimento ficou conhecido, na história, como: a "REVOLUÇÃO FRANCESA".

Esta revolução tem início, com a *convocação dos "Estados Gerais"* e a "*Queda da Bastilha*"; e tem seu encerramento com o "*Golpe de Estado*" *do 18 Brumário,* tendo como líder, *Napoleão Bonaparte.* Este movimento revolucionário era contrário ao "ANTIGO REGIME" *(Ancien Régime), vigente em França* – e contrário às autoridades: do "CLERO" e da "NOBREZA", *todos estes favoráveis à manutenção do* ABSOLUTISMO MONÁRQUICO E OPRESSÃO AO POVO, QUANDO A POPULAÇÃO MENOS ABASTADA E SEM POSIÇÃO SOCIAL OU POLÍTICA SE TORNARAM ESCRAVOS POLÍTICOS E RELIGIOSOS. Influenciado e embevecido, como estava o povo, pelos ideais do "*Iluminismo*" e da "*Independência Americana*", em *de 1776*; quando a França fora uma grande aliada, das "*Treze Colônias inglesas da América*", auxiliando *George Washington,* na luta contra a Inglaterra, na qual os ingleses foram derrotados. Historicamente, a Revolução Francesa destaca-se como uma das maiores "Revoluções da História da Humanidade" e por ser fato histórico, político e social, mundial, que mudou o cenário político e social, em nível Universal.

Esta revolução deu início à "*Idade Contemporânea*" – (1789)

– fato social, que atingiu todos os quadrantes mundiais – extinguiu a "*servidão*" e os direitos "*feudais*", quando proclamou os "*Princípios Universais*", de "LIBERDADE, IGUALDADE e FRATERNIDADE" *(Liberté, Egalité, Fraternité)*. Pôs fim aos "*Súditos e acabou com a Vassalagem; quando deu origem aos Cidadãos", todos os homens nascem livres, têm que viver em liberdade e morrer, da mesma forma, livres, é o princípio da Liberdade.* Quando ficou célebre a frase de "*Jean Jacques Rousseau*": "*Liberté, Egalité, Fraternité*". Neste ano de 1789, abriu-se um dos mais longos períodos de convulsões e efervescências políticas e sociais, do século *XIX, em "França"*. Quando a França conheceu várias Fases Republicanas, quais sejam: *Uma Ditadura – o governo de terror de "Danton, Marat e Robespierre"*; *Uma Monarquia Constitucional e Dois Impérios*. Fora, realmente, um longo período de lutas, incômodos, incertezas e insegurança de Ordem Política e Social. Entretanto, as sementes lançadas pelo "Iluminismo" germinaram, cresceram e deram bons frutos...! O contágio iluminista atingiu todos os países europeus e as colônias americanas que estavam sob o domínio dos Reis Absolutistas, porém, foram ruindo e caindo aos poucos.

A INDEPENDÊNCIA DO BRASIL

O movimento visando a "*Independência do Brasil*" até sua consolidação, em "*07 de setembro de 1822*", envolveu muitos personagens, porém, nem todos eram Maçons. No entanto, sabe-se que a "*Maçonaria*" contribuiu, significativa, e qualitativamente, para compor o grupo dos que a realizaram e fizeram do Brasil, um País (mesmo no Sistema Imperial, sim, mas livre dos domínios do Rei de Portugal) Imperial Livre, soberano e independente; tendo o seu Imperador, um defensor de um País constitucional. Isso fez com que o Brasil fosse o único País americano que, ao se tornar independente, abraçou o Sistema de Monarquia Imperial.

Na vanguarda do movimento "*Pró-Independência do Bra-*

sil", com energia e participando ativamente, estavam militando muitos "*Pedreiros Livres*", do cantar do galo e ao raiar do dia. Sem contar Claudio Manoel da Costa, Tomás Antônio Gonzaga e Joaquim José da Silva Xavier – "Tiradentes". Vamos encontrar na luta pela independência brasileira de 1822: *José Clemente Pereira, o Cônego Januário da Cunha Barbosa, José Joaquim da Rocha, Padre Belchior Pinheiro de Oliveira, Felisberto Caldeira Brant, o Bispo Silva Coutinho Jacinto Furtado de Mendonça, Martin Francisco, Monsenhor Muniz Tavares, Evaristo da Veiga, José Bonifácio de Andrada e Silva,* o próprio *Dom Pedro de Alcântara Francisco António João Carlos Xavier de Paula Miguel Rafael Joaquim José Gonzaga Pascoal Cipriano Serafim de Bragança e Bourbon,* além de muitos outros.

Entre muitos, tivemos "*os dois*" grandes arquitetos do Sete de Setembro, que foram indubitavelmente *José Bonifácio de Andrada e Silva* e *Joaquim Gonçalves Ledo,* os quais lideraram os Maçons, às vezes eles até divergiam quanto à forma de condução da independência. Fato que originou uma luta ideológica, entre os grupos de "*Bonifácio*" e de "*Ledo*". *José Bonifácio* defendia a corrente da "*União brasileiro – Lusa*", a qual julgava a mais amistosa. O grupo Ledo defendia o "*rompimento total*" com a Metrópole Portuguesa; muito embora fosse mais difícil a transição da Colônia para um País recém-independente.

No entanto, essa luta ultrapassou as Lojas Maçônicas, passando a ser do "Domínio Público", chegando até à imprensa, a qual reportava a luta do movimento e até suas divergências de ideias.

Embora o grupo visasse um "objetivo principal", a disputa interna era acirrada, durando um longo período com acalorados debates, em torno da questão principal, que era, clarividentemente, a "*Independência do Brasil*".

Mas os conflitos foram tamanhos que D. Pedro, na qualidade de "Grão-Mestre" da Maçonaria e Imperador do Brasil, determinou que o "*Grande Oriente*" fosse suspenso e fechado. Ato que perdurou até o ano de 1831, quando a *Maçonaria* retornou às suas atividades, no País; isto após a abdicação de D. Pedro I. Foi desta forma que a Maçonaria renasceu através de dois troncos distintos, apesar dos mesmos objetivos, sendo: o "*Grande Oriente Brasileiro*" (que encerrou suas atividades 30 anos após) e o "*Grande Oriente do Brasil – o GOB*". Como o brasileiro é brincalhão por natureza, e tem um espírito jocoso, foi feito até um trocadilho, na época, sobre o fato: "*Quando Pedro Álvares Cabril descobriu o Brasal, a maçonência lutou pela independençaria e José Bonifício fez um grande sacrifácio, desde abrarço e mil, até setubro ou outembro*".

ESTRUTURA E OBJETIVOS DA MAÇONARIA

Aos Membros da "*Maçonaria*" são exigidos estudos, amor ao próximo, dedicação e respeito às leis do País, em que vive e trabalha cada Maçom. A Maçonaria tem seus "*princípios*". E os princípios maçônicos não podem colidir com os deveres que, como cidadãos, têm os Membros Maçons. Estes princípios vêm reforçar as exigências do cumprimento de suas responsabilidades, tanto públicas quanto privadas, no mister de seu cotidiano, sempre voltado ao progresso de seus epígonos.

Cada Membro é levado a uma excelsa e sincera reforma de si mesmo. O que a difere de "*ideologias*", que pretendem transformar a "*sociedade*", na esperança de que o progresso individual concorrerá para ulterior Evolução da "*Humanidade*". Para a Maçonaria o Progresso da Humanidade se dará pelo trabalho, amor ao próximo, estudos, aperfeiçoamentos do homem enquanto animal social e pensador e na crença, num Ser Superior e Criador, que é Deus, o Grande Arquiteto do Universo, chamado de G.·. A.·. D.·. U.·. ou G.·. A.·. U.·.. Sendo assim, os Maçons jamais participarão de "*motins*", "*sublevações*" ou "*conspirações* contrárias ao Poder Legítimo e Constituído, escolhido pelo povo, em sufrágio direto e universal". Este é o princípio fundamental da democracia.

As obrigações, como *pai de família* e como "*cidadão*", devem prevalecer sobre quaisquer outras obrigações, não dando guarida, nem protegendo quem agir desonestamente, e ou contra os *princípios morais e legais* da sociedade em geral.

A Maçonaria tem como *Princípios Fundamentais: o auxílio aos homens, e o de reforçar e cimentar o "caráter", que "elevará a sua "moralidade" e "espiritualidade" e "evolui seu norte cultural". Devendo "Ampliar seu campo de atuação e de amor ao próximo,* entre outras exigências sociais e morais", para com o Membro Maçom.

Na Maçonaria Universal são utilizados: o sistema de "*Graus*", na transmissão de seus ensinamentos, e o acesso aos seus Quadros corre com a "*Iniciação*", donde irá progredindo aos sucessivos Graus. Quanto aos ensinamentos, estes são transmitidos através de estudos, representações e "*símbolos*", os quais são dados a conhecer aos Maçons; para tanto deverá o Membro Maçom ser um eterno estudioso e um assíduo leitor.

OBEDIÊNCIAS MAÇÔNICAS

Na "*Maçonaria Simbólica*" se reúnem os Graus da Maçonaria: "*Antiga*" – "*Tradicional*" e "*Legítima*". Estando dividida em: "*Obediências Maçônicas*", que são designadas, *por grandes Potências, Loja e "Grande Oriente"*, ou simplesmente "*Ordem*". Estas são Unidades Administrativas diversas, onde se agrupam variadas Lojas; porém comungam e propagam os mesmos ideais, sentimentos e ações, sempre fundamentadas na solidariedade humana.

Mas não são estanques, conforme o Rito que praticam, em seu seio, há uma variação de práticas e normas, de acordo com o Rito que se adotam nas Lojas Simbólicas, quando adicionam "Graus" para os estudos filosóficos.

Há a existência dos "*Altos Graus*", subordinados a outras entidades, como, por exemplo: Os "*Altos Graus*" do "*Rito Escocês Antigo e Aceito*", os quais estão sob a égide tutelar de um

"*Supremo Conselho*"; geralmente, "*um*", em cada País. Entretanto, há estreitas relações de reconhecimento, entre os *Supremos Conselhos* e celebram alianças e tratados, com os corpos da Maçonaria Simbólica; porém, somente no que concerne às administrações dos seus reconhecidos "*Graus Superiores*". E, no concernente ao "*R.·. E.·. A.·. A.·.*", compreende os Graus, do *4º ao 33º*. Quando muitos dos conteúdos destes Graus não possuem quaisquer relações diretas com a Lenda Tradicional, onde estriba a "*Maçonaria Universal*", no Planeta, onde vivem espalhados milhares de Maçons dedicados ao aperfeiçoamento humano e ao progresso da humanidade.

A MAÇONARIA EM NÍVEL MUNDIAL

Parecendo até ser um paradoxo, porém, não! Mas, desde sua criação, a Maçonaria estava reticente em lançar uma pesquisa universal, sobre sua existência, com diferentes coletas e pesquisas, condicionada aos diferentes períodos, em variados Países. Entretanto, sabendo-se que a Maçonaria contava *em 2005,* com cerca de *três milhões e meio* de Membros, em nível mundial e levando-se em conta que, *em 1950,* a Maçonaria contava com "*sete milhões de membros ativos*", são dados numéricos que demonstram uma significativa redução na relação de Membros da Ordem.

Essa defasagem de seus Membros e sua diminuição, no seu efetivo, ocorreu, máxime, na Maçonaria Anglo-Americana; porém, ocorreu que, *nos dez anos seguintes* à *Segunda Grande Guerra Mundial,* o número de Membros, da Maçonaria, se não dobrou, andou perto. Entretanto, este crescimento vertiginoso sofreu uma significativa diminuição, paulatina, sim, mas diminuiu, significativamente. Sua queda chegou à casa dos 60%, nos cinquenta anos que se seguiram.

A queda do número de Membros da Maçonaria, na Europa Continental, ocorreu após a "*ocupação*" e, até hoje, não atingiu os números, estatísticos, da primeira metade do século XX. Houve, sim, um crescimento, mas bem pálido, isto é, muito lento!

A *"Maçonaria Dogmática"* é a predominante na América Latina, na grande maioria de seus países. Sendo muito presente na Europa (berço da Maçonaria moderna regular) e na América Latina. Quanto ao Canadá, ela é bastante marginalizada; e nos Estados Unidos da América, quase inexistente, na atualidade, apesar de deter grande força política e social. As Lojas não são tão liberais, são nos estilos Europeus – inflexíveis –, quando os visitantes e residentes frequentam suas lojas, atraídos pela beleza e majestosidade de suas belas edificações.

No restante dos países, do Planeta, têm a tendência de seguir o *"Mainstream" (termo inglês, que designa o gosto e o pensamento corrente da maioria da população – "popular")* das lojas Anglo-Americanas. Normalmente, visitadas por estudantes, pesquisadores e turistas.

Em alguns países, os dois movimentos convivem, harmonicamente, com compreensão mútua e mui amistosas, máxime, em regiões onde a Maçonaria tem sofrido perseguições, que não são poucas. Outras vezes, estas relações conflitam e se tornam mais tensas, porém, logo vem a calmaria e todos navegam em águas calmas e sob o céu de brigadeiro.

A MAÇONARIA BRASILEIRA

Foi, a partir da "*Conjuração*" ou "*Inconfidência Mineira*" que a Maçonaria marcou presença, em terras brasileiras, sem sombra de dúvidas. E, já nos finórdios do século *XVIII*, teve início o movimento maçônico, quando surgiu a primeira Loja Maçônica Brasileira, porém, filiada ao Grande Oriente da França, cuja Loja teve suas instalações, em 1801, no período da Conjuração Baiana. No entanto, neste interregno de 1801 a 1809, foram instaladas várias Lojas, no Rio de Janeiro e Pernambuco; e o *"Grande Oriente Brasileiro"* – o primeiro – foi criado em 1813, sob a direção de Antônio Carlos Ribeiro de Andrada e Silva, um batalhador pela Maçonaria do Brasil.

FEDERAÇÕES RECONHECIDAS NO BRASIL

NO BRASIL SÃO RECONHECIDAS AS SEGUINTES FEDERAÇÕES/CONFEDERAÇÕES:		
Grande Oriente do Brasil	Confederação da Maçonaria Simbólica do Brasil	Confederação Maçônica do Brasil – COMAB
Fundada em 1822	Fundada em 1927	Fundada em 1973
Iniciou com três Lojas no Rio de Janeiro	Surgiu na cisão com o Grande Oriente do Brasil.	Surgiu na cisão com o Grande Oriente do Brasil.
Possui federações em todos os estados brasileiros, conhecidos como Grandes Orientes estaduais	Reúne uma Grande Loja autônoma e independente de cada estado brasileiro.	Reúne os Grandes Orientes Independentes e congrega Grandes Orientes Estaduais autônomos em cada estado da Federação.
Reconhecida pela UGLE Tratado de amizade com as Grandes Lojas do Brasil	Tratado de amizade com o Grande Oriente do Brasil Algumas de suas Grandes Lojas são reconhecidas pela UGLE	Em sua maioria possuem ótimas relações fraternais com as Lojas filiadas ao GOB e CMSB, mesmo sem que haja tratados de Reconhecimentos em todos os Estados, pois se trata de Maçonaria Regular (COMAB).

MAÇONARIA EM PORTUGAL

A "Constituição de James Anderson" traz os regulamentos consagrados e considerados: "os pilares da Maçonaria Moderna" e que determina a todos os Membros maçônicos, a "crença e a fé" em "Deus"; com a máxima: "*Todos os seres humanos cristãos devem ter fé em Deus* e o Maçom "TEM" *que ter fé, em Deus, como um ser Criador* de todos e todas *as coisas que há na terra.*" "*Amar ao próximo como a si próprio.*" "*Não propagar suas ações, nem o bem que praticou a outrem.*" "*Não ser soberbo.*" "*Deverá ser humilde, honesto, laborioso e estudioso.*" "*Maçom não deve ostentar.*" "*A Maçonaria é trabalho e amor, nunca ostentação.*" "*O Maçom deve zelar pelo progresso da pátria, da sociedade, do "Homem" e da humanidade, assegurando o amanhã, no Universo*". Assim, **"Mens In Corpore Tantum Molem Right (A mente rege a grande massa corpórea) – MICTMR"**, é um princípio que rege o universo da Maçonaria.

O descumprimento destas determinações e critérios torna as atividades maçônicas como "irregulares". Estas determinações constitucionais da Maçonaria, a todos os seus Membros, indistintamente, são regidas pelo tripé: *Liberdade, Igualdade e Fraternidade; isto é, a vida se vive com* "Liberdade"*; todos são iguais; e, como iguais devem ser tratados, nem mais, nem menos, nem inferior, muito menos superior, tendo como base a solidariedade humana, e o princípio da "Igualdade"; e* ***"Amai-vos uns aos outros, como eu vos amei".*** *É o princípio cristão da "Fraternidade", deixado por Jesus Cristo, quando da sua vida pública. Tendo ainda, a fé em Deus, o Criador, como progresso fundamental da Maçonaria; como deixou determinado, Jesus Cristo:* ***"Amai o Senhor teu Deus sobre todos as cousas".*** *Dentro desses princípios é regida a Maçonaria e os Maçons, em todo o mundo.*

Para ser um Membro da "Maçonaria Regular", não é bastante a autoproclamação, é imprescindível que haja um "convite formal" e a obrigatoriedade da "Iniciação", do Neófito, pelos demais Maçons, que compõem o Quadro. Exige, ao Iniciado como aos demais, a manutenção do "estatuto", da Ordem, e do cumprimento dos "juramentos" e "obrigações"; tanto sejam "esotéricos" quanto "simbólicos", mas que esteja integrado numa "Loja Regular", filiada à "Grande Loja" ou ao Grande Oriente. Mas as Lojas regulares têm, obrigatoriamente, que estar filiadas a uma "Potência".

Tanto a Loja, no seu "Oriente", quanto à respectiva "Potência", exige-se que ambas sejam regulares e devidamente "consagradas" e ditadas pelos "Landmarks" da citada "Constituição de Anderson". Quando o "Iniciado" é proclamado e aceito Maçom regular.

A MAÇONARIA REGULAR *exige que seus Membros professem uma determinada* RELIGIÃO; o Maçom é livre, sim, mas tem que professar uma respectiva religião e ter fé no Criador. No caso dos Maçons Cristãos, ter fé em Nosso Deus Pai e Criador do Universo e tudo que nele há. Quando não sejam cristãos, exigem-se as obrigações, determinantes, de sua "Crença", num "Ser Supremo" e "Criador". A este Ser Supremo, os Maçons chamam de G∴ A∴ D∴ U∴ – Grande Arquiteto do Universo" –, que é o título ou o tratamento atribuído a "DEUS E CRIADOR". E, para o Maçom, este "SER SUPREMO" está sobre qualquer "*credo religioso*"; portanto, respeitando toda sua pluralidade. De fato, e sobretudo a crença num Ser Supremo é ponto máximo, indiscutível e pacífico, nos Landmarks, para que todos os Iniciados sejam aceitos e recebidos na Maçonaria. Para alguns, é uma realidade filosófica e não um ponto doutrinal. Para outros, é doutrinal e filosófico. Porém, o mais importante é que o Maçom trilhe o seu caminho com retidão, caráter ilibado, estudos, pesquisas e leituras, com amor ao próximo, espírito solidário de amor ao próximo, tendo em Deus e na Bíblia Sagrada sua fonte de fé e inspiração; laborando na faina de seu cotidiano pela evolução do homem, da sociedade e pelo progresso da humanidade, através de seus escritos, suas palavras e, sobretudo, pelas suas ações. Isto é ser e fazer Maçonaria.

MULHERES NA MAÇONARIA

Um tema de elevada complexidade e de difícil elucidação é discorrer sobre "as mulheres e a Maçonaria". Retornando ao passado, quando por tradição, somente os homens podem ser Maçons, em se discorrendo sobre a Maçonaria Regular. Muito embora seja uma raridade fenomenal, mas algumas evidências nos apontam algumas mulheres tomando o controle de acesso sobre várias Corporações, muito antes do aparecimento da "Maçonaria Especulativa". A Maçonaria não prescinde da capacidade e da competência intelectual, profissional e moral da mulher, pois tem nela, a formação e a educação da moral, da família e da sociedade, como um todo.

Ocorre que, em alguns "Estatutos Medievais" demonstra-se uma sutil presença feminina, na Ordem. Exemplificativamente, vamos ver no: *"Comércio de Livro de Paris (1268);* nos *"Estatutos da Guilda dos Carpinteiros"*, em Norwich (1375), e nos *"Estatutos das Lojas de York – (1693)", a mulher sempre presente.* Enquanto na França, vamos encontrar, também, a mulher, no famoso discurso maçônico "*o Cavaleiro de Ramsay*" – *(1736)*. Encontramos, aí, as mesmas proibições, porém, nada impeditivo sobre a presença da mulher, nas Corporações ou na Ordem Maçônica. Mas, nas suas entrelinhas e com grandes profundidades de sutilezas, de quando em vez, é clarividente esta presença feminina, na Ordem. Sendo menos uma questão de princípio, do que de defesa da "pureza de nossos costumes". E, na atualidade, há algumas Potências, Irregulares, evidentemente, que admitem em seus quadros e em suas lojas, "Membros" do "sexo feminino". Não obstante, a atuação das "Cunhadas", na Maçonaria", que, diga-se de passagem, é de grande destaque, no trabalho filantrópico maçônico; inclusive, com entidades femininas atuantes e reconhecidas, assim como, dos jovens masculinos e femininos. O que se tornou um grande trabalho à sociedade e aos progressos morais e intelectuais da juventude e das mulheres, na Maçonaria, em prol da sociedade contemporânea. Além de velar e zelar pela juventude masculina e feminina, livrando--os do convívio do *"mundo cão"*, que envolve e destrói a sociedade jovem, em nosso e nos demais países. Que tipifica a falência dos nossos filhos quando os agentes políticos vivem de falácias e nada fazem ou criam para defender os nossos epígonos. A Maçonaria, como uma sociedade voltada ao bem comum da sociedade e da humanidade, vem trabalhando, orientando e preparando esta força jovem que é, indubitavelmente, o futuro da sociedade, do nosso país e da humanidade.

OBEDIÊNCIAS MAÇÔNICAS IRREGULARES

Vamos encontrar "Obediências Maçônicas" que não comungam da "Constituição de Anderson", não seguindo e nem a cumprindo, como não cumprem os "princípios" que norteiam e orientam a "Maçonaria Regular"; mesmo assim, reconhecem a internacionalidade da "Grande Loja Unida da Inglaterra". Quiçá, por não estar enquadrada no espírito delas, e ou por terem e abraçarem outros critérios de reconhecimentos maçônicos que os orientam.

Essa "irregularidade" não quer dizer que tais Obediências não desenvolvam um sério trabalho, no campo da filantropia, do engrandecimento do ser humano ou da sociedade, em que esteja inserida. Elas são encontradas nas Organizações Intermaçônicas, a saber:

RITOS MAÇÔNICOS

Na sua estrutura, a Maçonaria está composta por *Graus Simbólicos* e *Filosóficos*, com suas denominações variando, conforme o âmbito, de Rito a Rito. Como poderemos observar que, na "Maçonaria Simbólica", encontramos três Graus, obrigatórios, conforme determinam os Landmarks da "Ordem", sendo: "Aprendiz",

"Companheiro" e "Mestre". Quanto aos trabalhos realizados nos *Graus Superiores*, conhecidos, também, como *Filosóficos*, estes são optativos, por seu caráter filosófico. Os procedimentos ritualísticos, de cada Rito, são metodologias utilizadas na transmissão dos ensinamentos, de seus Membros e Graus e na organização dos cerimoniais maçônicos, o que ocorre comumentemente, na Ordem.

Nesse diapasão, as particularidades de cada Rito são Singulares, com semelhança a uns e divergências a outros, nos aspectos gerais e em detalhes. Porém, convergem, num ponto em comum, em sua ritualística, que é: a "Regularidade Maçônica", qual seja, é o reconhecimento internacional, estribado na "Constituição de Anderson", que é a "Lei Magna" da Maçonaria Regular.

Alguns dos Ritos Maçônicos			
Principais Ritos praticados			**Sistema**
Rito Escocês Antigo e Aceito	Brasil [65] [66]	Portugal	*33 Graus*
Rito Brasileiro	Brasil [67]		*33 Graus*
Rito de York (York Americano)	Brasil [68] [69]	Portugal	*13 Graus*
Rito de Emulação (York Inglês)	Brasil	Portugal	*Ordens Paralelas*
Rito Schröder	Brasil		*3 Graus*
Rito Moderno	Brasil [70]	Portugal	*9 Graus*
Rito Adonhiramita	Brasil [71]	Portugal	*33 Graus*
Rito Escocês Retificado	Brasil	Portugal	*9 Graus*

Registros antigos nos informam que já existiu um número superior a duzentos Ritos praticados nos mais variados países do Planeta. Conquanto, na atualidade, cerca de cinquenta Ritos estão em práticas.

Entre estes, os de maiores presenças são: o "Rito de York", o "Rito de Emulação", o "Rito Escocês Antigo e Aceito – R.·. E.·. A.·. A.·. – e o "Rito Moderno" – ou "Rito Francês", na Europa. De forma que estes três Ritos detêm 99% dos Maçons Especulativos e praticantes, batendo o martelo em suas oficinas, para construir *"Masmorras aos Vícios e Templos* às *Virtudes"*.

LOJAS OU OFICINAS MAÇÔNICAS

Os Maçons espalhados pelo mundo se unem e fundam suas "Lojas ou Oficinas Maçônicas", nas quais trabalham, nos Graus Simbólicos, da Maçonaria. A título de elucubração, aos leitores: *"**As Lojas** não são os **edifícios**, onde reúne os Maçons". "Mas é a **própria Organização**"*. "É o próprio *Maçom"*. "A Oficina, o edifício, pode ser "cedida" pelos Maçons a outras Ordens patrocinadas pela Maçonaria, a exemplo da 'Ordem de Molay, a Ordem da Távola Redonda, Cruzeiro do Sul, Arco-Íris', entre outras que agregam jovens do sexo masculino e feminino e a das cunhadas", entre tantas outras Ordens. Todas laborando pelo progresso do homem, da sociedade, da pátria e da Humanidade.

As diversas Ordens da "Maçonaria Nacional" dividem-se em "Oficinas"; as quais pode se constituir em "Lojas", bastando que: – "Tenham mais de SEIS" *"Maçons Perfeitos"* ou "Triângulos Maçônicos" (exigindo, somente, até seis Maçons, no mínimo); ou ainda, no "Rito Escocês Antigo e Aceito" – *Com o mínimo de SETE Maçons; e, entre estes,* TRÊS ***Mestres Maçons,*** podendo instalar e compor, mediante sua Sagração, pelo Grão-Mestre.

COMPOSIÇÃO DE UMA LOJA MAÇÔNICA

CARGOS DE UMA LOJA MAÇÔNICA	
Venerável Mestre,	que preside e orienta as Sessões.
Segundo Vigilante,	que auxilia nos trabalhos, trata da organização em geral e instrui os Aprendizes.
Primeiro Vigilante,	que auxilia nos trabalhos e instrui os Companheiros.

Orador,	que sumariza os trabalhos e apresenta conclusões antes das votações e garante o fiel cumprimento da legislação maçônica. Equivale a um representante do Ministério Público, dentro da Loja. Pode se dizer, em suma, que é o guardião das leis maçônicas.
Secretário,	que redige as Atas e trata da sua conservação e é responsável pelas relações administrativas entre a Loja e a Obediência e junto com o Venerável Mestre.
Experto,	responsável pelas Cerimônias de Iniciação, em alguns Ritos e Obediências, este é responsável por toda a condução das Cerimônias Maçônicas e é ajudado pelo Mestre de Cerimônias
Mestre de Cerimônias,	responsável por toda a condução das Cerimônias Maçônicas, introduz os Irmãos na Loja, conduz aos seus lugares os visitantes, e ajuda o Experto nas cerimônias de Iniciação,
Tesoureiro,	que recebe as quotizações e outros fundos da Loja e vela pela sua organização financeira.
Guarda do Templo	(que em alguns Ritos e Lojas é só o externo, noutros é externo e interno e, ainda noutros, ambos os cargos são ocupados por irmãos diferentes), é quem vela pela entrada do Templo, também são outros Oficiais igualmente importantes.

Os Cargos do *Venerável Mestre, Primeiro Vigilante* e *Segundo Vigilante* são chamados as "Luzes da Oficina", e os demais Cargos são chamados de "*Oficiais*".

TEMPLO MAÇÔNICO

O local de reunião dos Maçons é denominado de "Templo Maçônico". É um lugar onde se reúnem os Franco-Maçons para celebrar seu "Ritual", no âmbito dos "comportamentos". A concepção, a disposição e a decoração do Templo obedecem às regras simbólicas e precisas; podendo, até variar pouco mais, pouco menos, de acordo com os "Ritos" e "Graus Maçônicos", respectivos.

São comuns as referências ao Templo de Salomão, como descrito no *Primeiro Livro de Reis – NA BÍBLIA – (cap. 5 – 6-7)*, e em *Crônicas II – (Livro de Crônicas – Cap. 3 e 4)*. Que teve origem com os construtores e ordem dos pedreiros *(construtores de Templos, palácios, igrejas, castelos, prédios, momentos, estradas e muralhas, entre outras)*.

Da mesma forma, ocorre a decoração do Templo. Há a *parte fixa* e elementos *flexíveis;* são elementos que mudam, dependendo de quem ocupava o respectivo lugar, o seu Ritual e o seu Grau Maçônico. Há corda com nós, o ramalhete serrilhado ou Orla Denteada, ao redor do Templo, abaixo do limite das longas paredes, do lado leste, ao Norte e ao Sul.

Ela simboliza a "Cadeia de União" ou a "União da Cadeia". Pelo leste e, na parede, por detrás da plataforma de Venerável, se encontra representado por um "Triângulo Isóscele", ao qual chamamos de "Delta Luminoso" – "Sol e Lua", que chamamos de "Luminárias".

Tem o "Segundo Grau" maçônico, situado na *Parte Ocidental,* onde se situa. Uma parede, no *Lado Norte* da porta, onde encontra uma "Estrela Brilhante", de cinco pontas – "Estrela Flamígera". No *Meado,* um *"Flamboyant"*, em forma de ramos, é um "Pentagrama".

Em níveis superiores, cortinas pretas ou vermelhas, raramente, em outras cores; mas podem ser colocadas nas paredes e ou pintadas das mesmas cores.

Ao mudar, a partir do Posto de "Companheiro" para o de "Mestre", o Templo se torna "sala ambiente", o "hekhal", *para os* Maçons do Terceiro Grau, onde, segundo o *mito* de "Hiram Abiff", é o local onde os Mestres recebem os seus salários.

Segundo a tradição maçônica, o acesso a este "espaço" é executado por uma escada, em forma de parafuso, por três séries sucessivas, com 3-5-7 etapas. Segundo a Bíblia, o "hekhal" ocupa uma posição intermediária entre o pórtico e a do Santo dos Santos. No Templo é feita a circunvolução, de acordo com o Grau e o Cargo do Maçom, e cada Cargo tem sua importância.

MAÇONARIA E SATANISMO

Sobre este tema, o autor não tem como escopo primordial o esclarecimento sobre a temática em questão. Mas o objetivo principal é levar o leitor aos estudos sobre o assunto e todos os temas, que serão enumerados, sequencialmente. Assim o estudioso, através de compulsar e estudar os compêndios, sem prescindir de pesquisas, ampliará seus conhecimentos e terá domínio sobre o tema. Como disse Jesus Cristo: "*Não dai peixe ao homem que tenha fome, ensinai-o a pescar*".

O leitor deverá ler e pesquisar sobre o assunto: "*Satanismo Tradicional e Moderno*" e concluir sobre suas diferenças e seus pontos controvertidos. Além de analisá-los e concluí-los.

Analisando sobre os "*Mistérios Judaicos e a Maçonaria*", tem-se que analisar as "*Teorias da Conspiração*", quando estas análises são ilimitadas, tanto em termos de Maçonaria, quanto ao Judaísmo.

Na demonologia, raiz do satanismo, temos que buscar a Filosofia satânica, na "Baixa Idade Medieval", com início na arte e nos seus predecessores, pois suas origens estão presas na antiguidade da sociedade humana.

Nos "Mistérios Egípcios", encontra-se uma escola de

mistérios que pode ter sido a primeira a influenciar a Maçonaria. Segundo alguns autores, no Egito, podemos encontrar os conceitos mais antigos de "Mistérios oriundos da Antiguidade" que influenciaram as "Ordens Iniciativas", na Idade Antiga; assim, como o "iluminismo", na Idade Moderna e o "Pós-Iluminismo", como movimentos intelectuais e sociais que dominam a Idade Contemporânea. Isto não quer dizer que não houve "Escolas de Ministérios" bem mais antigas do que as egípcias. Porém, a falta de documentos e demais materiais de pesquisas impossibilitam os estudos e as pesquisas, idôneas e seguras, quando obrigam e levam o estudioso a ir em busca de estudos e variadas pesquisas sobre o tema.

A "Demonologia" e a "Raiz do Satanismo" são correntes que criaram corpos, tão somente, no século XX, apesar de haver quem defenda sua existência, muito pretérita. Há outras vertentes que afirmam que o "Satanismo" vem se desenvolvendo ao longo dos séculos. Portanto, é objeto de estudos e pesquisas, mais acuradas.

Muitos elementos são frutos da "História e da Tradição, tanto da Maçonaria quanto do Satanismo", com suas distintas categorias e classes. Fato que dificulta seus estudos e pesquisas, sabendo-se que o Satanismo é um tema completamente divorciado da Maçonaria e que estas diferenças exigem conhecimento e aprofundados estudos; só assim o leitor estará capacitado para dominar as diferenças e filosofias de cada um dos temas.

O *"Católico e a Maçonaria"*. É outra questão, deverasmente, polêmica, em se tratando da "Relação da Igreja com a Maçonaria". Então surge a interrogação: *"O Católico Pode Ser Maçom"?* É um tema de elevada complicação, porém, emocionante, que encaminha o leitor a estudos e pesquisas, que às vezes não lhe farão ver com extrema clareza este assunto.

Nos estudos do "Satanismo e a Doutrina da Fé", necessário se faz retornar à "Igreja" e à "Inquisição", o que leva todo aquele que pretenda buscar uma elucidação, sobre o tema, aos mais profundos e acurados estudos de pesquisas. Podendo, quiçá, aclarar-se com estudos na: "Congregação Para a Doutrina da Fé", onde se encontra o final da "Inquisição".

Na História Cristã, o Cristianismo foi coeso, forte e responsável pela Unificação dos Estados e povos europeus. Na Baixa Idade Medieval, vamos deparar com o poder que a Igreja já exercia e que foi consolidado, com o final do Período Feudal. Com a inquisição iniciou-se a busca pela eliminação da "heresia", sendo esta, teoricamente, uma das buscas da Igreja, já nos primeiros séculos do cristianismo, mas que recrudesceu com a "Inquisição Religiosa".

Um tema nem sempre discutido, e até pouco conhecido no meio povo, é o da "Maçonaria e a Questão Religiosa". Esta foi uma questão oriunda de um conflito entre a *"Igreja Católica e o Estado", o qual teve um forte envolvimento para com a Maçonaria.* Algumas pessoas que desconhecem a História veem este conflito somente entre: "A Maçonaria e a Igreja", sem ir em busca do verdadeiro conflito e seus participantes diretos, para, desta forma, ter um legítimo domínio sobre o tema. Também deve-se ter mais conhecimento que este conflito entre a Igreja e a Ordem, com motivos verídicos ou não, envolvem questões bem mais complexas, com repercussão que perdurará, ainda, por muitas décadas. É um fato dicotômico na sociedade, que não poderia existir, quando ambas as entidades pugnam pelo bem da sociedade, e pelo progresso, pela evolução da humanidade e pelo amor ao próximo, devotando fé no Senhor teu Deus, sobre todas as coisas.

Quanto à "Inquisição", no Novo Mundo, nos parece um fato atípico, pois o Novo Mundo teve seu descobrimento, após a Idade Média, como facialmente está registrado, nos Anais da História da Humanidade, em suas lutas e em seus feitos heroicos.

Normalmente, não se pensa na Inquisição nas Américas, tratamento dado ao Continente Americano, devido à sua divisão, em: *América do Norte, América Central e América do Sul.* Comumente, relaciona-se a Inquisição aos Países Europeus, entretanto, através de documentos, comprova-se que a Inquisição também agiu, fortemente, aqui, no Continente Americano. Seus tentáculos atingiram todos os povos que estivessem sob o domínio da Igreja Católica, e nós, americanos, não poderíamos ser diferentes, já que somos um povo Cristão de Origem. O continente americano possui a maior população cristã do Mundo e, no Brasil, encontra-se a maior população cristã, entre os demais países.

Ao se compulsar sobre a "Maçonaria e a Bula de Leão XIII", cuja Bula Papal é conhecida como *"Humanum Genus"*, tem-se a informação de que esta foi a Bula de maior importância, entre todas as que, de uma forma ou de outra, atacaram a Ordem Maçônica. Reportando há um século e meio depois da Bula *"In Eminenti"*, quando foi esta a primeira Bula Papal a insurgir contra a Maçonaria; e, muito tempo após, fora editada a Bula *"Humanum Genus"*, já citada. Esta Bula foi escrita e editada por *Leão XIII*, em 20/04/1884, e se tornou um dos documentos mais citados pelos "críticos" e antagônicos à Maçonaria e a seus Membros; máxime os cristãos católicos que se iniciaram na Ordem Maçônica.

No tema "Satanismo – o verdadeiro pacto da Inquisição", podemos compreender que a Igreja não teve responsabilidades, nem pela metade das condenações a assassinatos, correntes na época, que foram a ela atribuídos naquele período remoto. Mas a inquisição e seus impactos sempre estiveram ligados à Igreja. Sabemos que o período da inquisição fora, indubitavelmente, sanguinário e aterrador, com perseguições, prisões e mortes de todas as formas, desde a execução por armas brancas, forcas, estrangulamentos, esquartejamento, guilhotina, mortes na fogueira, entre tantas outras formas de punições macabras, escudadas pelo combate à heresia, bruxaria e satanismo, entre outras.

Estudando o tema *"Maçonaria – Pio VIII – Gregório XVI e Pio IX", que também editaram outras Bulas, mantendo a excomunhão da Maçonaria e seus Membros.* Já no século XX existia uma série de "Bulas Papais" com ataque direto à Maçonaria, outras vezes, estes ataques eram indiretamente. Porém, bem mais que no século XIX.

Exceto a bula "Humanum Genus", as demais Bulas Papais não tiveram tanta repercussão, como as duas primeiras. Sabe-se que: "A primeira advertência do perigo foi propagada por Clemente *XIII*, no ano de 1738, sendo confirmada e mantida por Bento *XIV*". Porém, não se encerrou por aí, e teve continuidade. E a polêmica continua.

QUANTO AO TEMA "SATANISMO – O PERIGO DOS PRECONCEITOS RELIGIOSOS"

Não se pode "radicalizar", nem "fundamentalizar", pois o "fanatismo" é primo irmão da "loucura". É uma demência esquizofrênica do ser humano, quando, escudado pela fé, comete as maiores atrocidades contra a humanidade. Tem-se que viver e praticar sua religião sim, porém, com amor ao próximo e não barbarizar a sociedade, nem condenar uma ou outra religião ou seita religiosa, ou mesmo uma sociedade. Isto não é o amor a Deus e a Jesus Cristo, como também não o é para qualquer outro tronco religioso e seu profeta. Isto é um verdadeiro "preconceito" religioso, fruto de fanatismo ou fundamentalismo, que sempre leva a sociedade ao caos. O que não deveria existir entre os seres humanos, creditado a uma religião. Mas...! As consequências dos preconceitos religiosos deixam marcas indeléveis na sociedade e uma vasta destruição, na sociedade, em nome de uma fictícia salvação.

Cada ser humano, de per si, tem que ter uma religião e vivenciá-la para seu bem espiritual, da sociedade e da humanidade, em geral, praticando sua religião e seus preceitos metafísicos. Porém, há preceitos que apresentam consequências terríveis e inimagináveis, quando não praticado pela razão. Se fizer uma análise e avaliar a "*inquisição*", tanto o católico quanto o não católico poderá ter uma noção das consequências inquisitoriais, no seu tempo, e as marcas indeléveis que deixaram de herança na história da humanidade.

Quanto à "Maçonaria e a Bula de Bento XIV", parece que

houve uma maior repercussão que a anterior, e a condenação à Maçonaria veio trazer um maior efeito à Ordem. No intuito de reforçar e torná-la mais recrudescida, *Bento XIV* edita a nova Bula Papal, não como as outras, mas de maior profundidade e abrangência.

A nova *Bula foi editada pelo Papa Bento XIV*, um Papa que exerceu seu ministério com grande importância, mas que agiu, veementemente, contra a Maçonaria. Fato que colocou a Igreja contra a Maçonaria tornando estas duas entidades, que visam o bem do ser humano e progresso da humanidade, antagônicas entre si.

O que se leva a indignar é que nunca foram apresentados novos motivos, nem os porquês desta condenação da Maçonaria pela Igreja Católica. E Bento XVI veio a reforçar esta condenação contestando a Ordem e ampliando a abrangência da "*Bula In Iminente*", de Clemente XIII. Quando, o Papa Bento XIV publicou a nova "*Bula Provida*", em 1751.

Compulsando o tema sobre "Satanismo – Jesuítas e a Inquisição", deparamos com a *Inquisição Espanhola,* muito embora a relação do "*Tribunal do Santo Ofício*" com a "*Companhia de Jesus*" seja um dos pontos mais polêmicos da História da Inquisição. Máxime quando se volta ao estudo de "Torquemada", responsável pelas macabras condenações da Inquisição, em nome do *Tribunal do Santo Ofício.*

Como tantos outros fatos polêmicos da Inquisição e sua história, há duas vertentes, nesta questão. Uns prós e outros contra, mas que é preciso que estudem e analisem, com lucidez e calma de espírito, na busca da "verdade real", o que não é fácil; pois a Inquisição, escudada no *Tribunal do Santo Ofício,* deixou um rastro de atrocidades e assassinatos terríveis que marcaram a história da população cristã.

Os "defensores" afirmam que a Companhia de Jesus não tinha quaisquer relações com o Santo Ofício, e que jamais deambularam, elaboraram ou condenaram em comum acordo. Em que pese a negativa, a corrente contrária afirma que a Companhia de Jesus e o Santo Ofício trabalhavam juntos, portanto, tinham os mesmos dogmas e objetivos, nos raios de seus domínios.

Numa análise perfunctória sobre "A Maçonaria e Repercussão da Primeira Bula Papal", a primeira Bula, a que antecedeu a "Bula de Bento XIV, de 1751, e que teve aceitação, em vários países, era uma Bula que condenava, com veemência, a Maçonaria". É a Igreja condenando, oficialmente, a Maçonaria. Essa primeira Bula Papal condenando a Maçonaria tinha como pretensão, de que todas as pessoas e países condenassem a Maçonaria e perseguissem seus Membros. Restando à Maçonaria e a seus membros Maçons que funcionassem e se reunissem, sigilosamente, para furtarem-se às perseguições. Foi um período de "caça às bruxas", isto é, de perseguições, punições e execuções. De outra banda, há outras correntes que negam este acontecimento, muito embora, numa parca defesa, sem base legal e sem fundamento fático.

Cotejando o tema "Satanismo e Inquisição Espanhola", encontram-se números estatísticos, o que é passível de consideração para entender a "Inquisição". Não se tem como objetivo satanizar a inquisição, portanto é imprescindível, que estudem e julguem a inquisição e suas ações, no período, escudada no Tribunal do Santo Ofício. Não há pensar que a inquisição não fora nada demais, que fora algo tão simples. Não! Não foi! Suas perseguições, prisões e mortes foram aterrorizantes, macabras e assustadoras, resultando em número de mortes, obviamente, alarmantes, para não dizer macabras, quando atingiram muitos, em vários países. Precisar o número de mortes não é possível, mas sabe-se que ocorreram perseguições, condenações e execuções, em incontáveis números; e, sob os auspícios religiosos, com as determinações do Tribunal do Santo Ofício.

Quanto à "*Maçonaria e a Primeira Bula Papal Contra a Maçonaria*", tem-se como destaque: a *primeira condenação da igreja católica aos Franco-Maçons*. Há quem afirme que as primeiras condenações sofridas pela Ordem não vieram da Igreja, mas, sim, pelo Estado. E que eram questões de ordens locais, ou até pessoais, relativas ao campo político, e que eram pequenas estas condenações, atingindo um pequeno número de pessoas. Portanto, um número insignificante, quando, na realidade, estes números são incontáveis e a inquisição não poupava Maçons, hereges, pensadores, cientistas e outros mais. Tudo na defesa da Fé Cristã.

Entretanto, para alguns estudiosos: *Com a Promulgação da Constituição – "a Constituição de Anderson" –, a Maçonaria passou a adotar novos princípios, os quais não eram declaradamente católicos*. Já, para outros, essa assertiva não é verdadeira. Para outros, ainda, o fato preponderante estava estribado na luta da Maçonaria contra a escravização do ser humano, pois a Maçonaria é contrária à "servilidade" do ser humano. Defendendo a máxima que: "*O homem nasce livre, vive em liberdade e livre deve morrer*".

No tema "Satanismo – Crueldade da Inquisição", a crueldade da inquisição, seu domínio e o impacto que ela exerceu, durante o período medieval, foi aterrador, para não dizer horripilante, para com a sociedade. Os julgamentos sobre a inquisição foram fruto do pensamento humano. Sua avaliação e seu julgamento não estão embasados em provas documentais. Portanto, é passivo de dúvidas. Já, para outras correntes de estudiosos, as ações e determinações da inquisição, realmente, foram uma devassa à sociedade e, máxime, à Maçonaria e seus Membros. Para outras correntes, a Inquisição concorreu para o atraso científico e ao progresso da humanidade em, pelo menos, "quatrocentos" anos, quando perseguia estudiosos, pesquisadores, cientistas, intelectuais e outros. A falta de pesquisas, com as "ferramentas", as quais há na atualidade, dificultou que se fizesse um exame de raios-X sobre a Inquisição e seus malefícios à sociedade, para que se ofertasse um diagnóstico real sobre a Inquisição, seus atos e ações. E, sobretudo, que agia escudada na fé religiosa.

Condenar a Maçonaria tornou-se uma verdadeira obsessão e uma constante "perseguição" sem causa, como pode ser estudada, em: "Maçonaria e as Primeiras Condenações". É obvio que os conflitos entre a "Igreja Católica e a Maçonaria" se acentuaram após a "Fundação da Maçonaria Moderna", *em 1717*, quando os primeiros embates da Maçonaria foram contra os Estados, jamais com a Igreja.

Para muitos, a Maçonaria detinha o controle do planeta, e este domínio maçônico gerava conflito com os Estados, envolvendo a realeza, a nobreza e os mandatários absolutistas, nos seus respectivos reinos, impérios ou países. Mas não era assim, a Maçonaria jamais exerceu e nem quis exercer este poder, em nível mundial. Ela é discreta e preocupa-se com a evolução intelectual do homem, da sociedade e com o progresso da humanidade.

Inicialmente, a Maçonaria não era uma Ordem e nem controlava os "destinos da humanidade". Era uma Ordem que iniciava os seus primeiros passos, rumo ao futuro e ao progresso da humanidade. Eram metas que visavam lapidar e evoluir o homem dentro da sociedade, sendo uma "Ordem da Sociedade, pela Sociedade e para a Sociedade".

Quanto ao "Satanismo e o Início da Inquisição", como tema em "Satanismo na Idade Média", ambos versam sobre o mesmo tema, mas que se conclui pelos compêndios compulsados. Isto porque "*a inquisição tem início no combate à heresia cátara, na França*", e, na investida contra os "cátaros", o Papa Gregório IX inicia este processo, oficialmente, com as Bulas Papais "*Ille Humani Generis*" e "*Licet ad Capiendos*". Em ambas as bulas encontram-se registros sobre as declarações destes procedimentos e de seu campo de atuação.

No tópico sobre a "*Maçonaria e a Liberalidade Religiosa e o Início da Maçonaria Moderna*", *encontra-se uma harmonia entre a Igreja Católica e a Maçonaria.* Ocorre que esta convivência harmoniosa dura até *24 de junho de 1717*, quando foi criada a "*Maçonaria Moderna e Regular*", conhecida daí em diante, como "*Maçonaria Especulativa*". Anteriormente, havia a "*Maçonaria Operativa*" tão somente, quando havia um perfeito relacionamento entre a "*Igreja Católica e a Maçonaria*". Entretanto, este relacionamento harmonioso rompeu-se com o início da "Maçonaria Moderna", fundada no *século XVIII*.

Não se pode negar que a Maçonaria, no passado, no período da Maçonaria Operativa, apresentasse "Princípios Católicos", desde os séculos anteriores; é a fase dos Pedreiros e Construtores da "Maçonaria Operativa". Isto é, anteriores ao *século XVIII*, e anterior à "Maçonaria Especulativa". Relacionamento, este, que teve seus elos desfeitos na criação da Maçonaria Moderna ou Especulativa; um relacionamento "Igreja Maçonaria" que não ocorre na atualidade. Não comungando "Igreja Maçonaria", há muitos anos, quando foram rompidos os princípios Católicos, na Maçonaria, por imposição da Igreja Católica, a qual não admite que uma pessoa, católica cristã, inicie nos quadros da Maçonaria. Sem atentar para o princípio primordial que tanto a Igreja Católica quanto a Maçonaria lutam pela evolução do homem, profissional, intelectual, moral e religiosamente e, pelo desenvolvimento da Sociedade, como também, pelo progresso da humanidade, espiritual, física e religiosamente, quando pregam a fé num Deus Criador de todos e todas as cousas existentes na Terra. Obedecendo, assim, à máxima bíblica: "*Com a criação de uma só pessoa, Deus criou todos os habitantes da Terra*".

Na continuidade dos estudos e pesquisas, encontra-se uma Maçonaria ativa e vivendo grandes feitos e aventuras, em prol da sociedade, a que chamamos de: "Maçonaria – Os Construtores Medievais e sua Relação com a Igreja". A Igreja Católica e a Maçonaria ombrearam unidas no combate ao fanatismo religioso e o fundamentalismo, quando seus objetivos eram levar a liberdade, a igualdade e a fraternidade a todos os povos; tendo como objetivo levar a liberdade e combater o fundamentalismo religioso, de todas as formas, a todos os quadrantes do mundo. Dentro desta filosofia lutaram a Igreja Católica, os Cavaleiros Templários, os Cavaleiros de Malta, as Cruzadas, entre outros, tudo em prol da liberdade da religião cristã e do homem como filho de Deus Pai. Donde o leitor poderá concluir e sintetizar a união que havia entre a Igreja e a Maçonaria.

Compulsando alguns compêndios sobre a relação dos "*templários com a Igreja Católica*", conclui-se que: *Esses* **"CAVALEIROS"** *não foram criados pela Maçonaria*. Como, também, não surgiram da Maçonaria. Os "Cavaleiros Templários já existiam naquele período". É o que se dessume. Entretanto, estão jungidos à Maçonaria, lendária e historicamente.

Mas numa conclusão correta, pode se dizer que: A Maçonaria era Operativa, na Idade Média, e havia uma relação, em comum, com a Igreja Católica. É certo que: "*a Maçonaria Operativa é muito anterior à Maçonaria Moderna, dita Maçonaria Especulativa*"; "*a Maçonaria Operativa é a Maçonaria dos Construtores do Período Medieval*". A que chamamos de "*Maçonaria dos Construtores da Idade Média*", a qual é conhecida, comumente, por "Maçonaria Operativa", é a fase das construções de palácios, castelos, Templos, Igrejas, estradas, muralhas, entre outras. E está representada por pedreiros, artesãos, quebradores e pedras, e os construtores. É a fase das construções e dos artistas, artesãos e os construtores.

Na sequência compulsaremos sobre o tópico: "Satanismo – Magia e a Filosofia do Hermetismo". Ao fazer uma análise sobre a "*Cabala Renascentista*", temos que versar sobre o aparecimento do "*Hermetismo*" e sua importância na formação de um cenário "*místico-ocultista*", na história da humanidade, muito embora seja difícil precisar a data de seu surgimento, entre os povos e seus cultuadores.

Desta forma, o "hermetismo" e a "cabala hermética" se encontram com as mesmas interrogações. Para alguns estudiosos, o "*hermetismo*" surgiu com as primeiras escritas, dominadas pela humanidade. Entretanto, para outros, o "*hermetismo*" já existia há milênios. E há, ainda, outra corrente, defendendo que o hermetismo surgiu no Egito, quiçá, com os Faraós, em alguma de suas Dinastias.

Não há como discorrer sobre o hermetismo, seu desenvolvimento e seu auge, sem tecer comentários à "cabala", pois é um tópico jungido ao tema *"Satanismo e o Renascimento"*. Quando se destaca no final do Período Renascentista, tornando-se comuns o "Satanismo" e a "Cabala no Renascimento", mesmo sendo contrários a algumas opiniões e alguns costumes sociais e religiosos.

E, na continuidade, cotejando sobre "Maçonaria – a Igreja e os Templários", *há um vasto campo para estudos*. Muito embora retorne ao *"Baixo Período Medieval"*, é um tema alucinante e que prende o leitor no seu estudo, desenvolvimento e na sua origem. É o período da *"Baixa Idade Média"* que compreende o ano de *1000 a 1453, d.C.* quando a Igreja Católica expande seus "tentáculos" e inicia o seu *"Poder Sobre o Velho Mundo"*. "Poder" esse que se tornou intenso e, sobretudo, "dominante", dominando reis e demais governantes. Era a Igreja dentro do Estado. Até então, desconhecia-se o *"laicismo"*.

Um dos acontecidos marcantes do período fora, indubitavelmente, *"AS CRUZADAS";* máxime, por não ser o evento de um único período, e que teve grandes repercussões, nos primeiros séculos da *"História da Humanidade"*. Sem contar com os "CAVALEIROS DE MALTA", que teve início com os trabalhos de São João de Jerusalém, ou São João da Escócia e ou São João Esmoler (Patrono da Maçonaria). Na luta contra os turcos, São João de Jerusalém criou os Cavaleiros de Malta com o objetivo de defender a Ilha de Chipre, da invasão turca. Não conseguiu deter a invasão, mas conseguiu salvar os hospitais e todos os enfermos.

Já na "Idade Média Alta", discorreu-se sobre o "Satanismo – Carlos Magno e a Unidade Cristã", que são frutos de estudos e pesquisas, já que o "Período Medieval" compreende o "período que vai até *1453*". O período em questão compreende o ano *470* ao ano *1000*, que é o período da *"Alta Idade Média"*. A "Baixa Idade Média" inicia após o ano *1000* e vai até *1453*.

Este período, o da *"Alta Idade Média"*, de *470* ao ano *1000*, tem como marco inicial a "Queda do Império Romano" *e o destaque do Período Feudal.*

A "Baixa Idade Média" inicia após o ano *1000* e se estende até *1453*, data da "Queda de Constantinopla". Foram períodos de grandes turbulências religiosas, revolucionárias e sociais, no mundo europeu e no de seus domínios. Ocorrendo tanto na "Idade Média Alta" de *470 a 1000*, quanto na Idade Média Baixa – *1000 a 1453*. Foram períodos de constantes revoluções, praticamente, ininterruptas. Entretanto, é imprescindível que se registre que, na "Idade Média Alta", houve ocorrências, de suma importância, que foram concluídas na "Idade Média Baixa", tendo sido importantes períodos à humanidade, ao longo dos séculos.

Quanto ao início do "Cristianismo", que é objeto de grande destaque, no tópico, a "Maçonaria e o Imperador Constantino", não podemos prescindir da importância de Constantino, até nossos dias, para a História da Humanidade.

O *"Código da Vinci"* é uma fonte básica para pesquisas e estudos, de cada leitor que se interessar por este apaixonante tema, além de outras fontes atuais para estudos e pesquisas.

Como fonte de estudos, o tema: "Satanismo – Santo Agostinho e a Inquisição", onde o estudioso irá descobrir e conhecer importantes fatos, entre os santos, clarividentemente, *"Santo Agostinho"* é destaque na *Igreja Católica* e em sua *"relação com a Inquisição"*.

Para muitos estudiosos sobre a matéria, há os que afirmam que há grandes evidências de que Santo Agostinho seja o *"Pai da Inquisição"*, conforme destacam algumas fontes documentais. Entretanto, não é ponto pacífico. Havendo correntes, pró e contra, e cabendo ao leitor ou interessado no assunto estudá-lo e pesquisá-lo, a fim de tirar suas próprias conclusões.

Em se estudando sobre o *"Cristianismo nos Primeiros Séculos"*, o leitor vai encontrar no tópico a "Maçonaria e a Filosofia do Cristianismo Primitivo", uma rica fonte de informações e de pesquisas, como forma de situá-lo dentro do contexto.

É evidente que o "Cristianismo" sofreu alterações progressivas, ao longo dos séculos, até chegar aos dias atuais, com menores ou maiores ações, muitas vezes até beligerantes. O Cristianismo, com início entre os séculos *I e III*, conheceu grandes e ilustres personagens, que marcaram seus períodos, ao longo da História do Cristianismo. Ao leitor interessado no tema, cabe estudá-lo e pesquisá-lo, como forma de conhecer e responder suas interrogações e dissipar suas dúvidas, além de pesquisar sobre as bases filosóficas iniciais do Cristianismo, ainda incipiente.

Para compulsar sobre a "Inquisição", necessário se faz um acurado estudo sobre a *"Heresia"*, pois foram as Heresias o início e os fundamentos da Inquisição. O tema "Heresia" ainda está envolto e ofuscado por negras nuvens, causando, até hoje, perplexidade aos estudiosos; não se pode tratar do "Cristianismo" sem o tema "Heresia". Por isso, a fonte para os estudos e pesquisas do leitor é que deve levá-lo a compulsar os compêndios, que versam sobre "Satanismo e Heresia", de forma a cimentar seus conhecimentos sobre o tema. Em se tratando de "Heresia", sabe-se que a Igreja Católica investiu contra: *"bruxarias, feitiços, macumbas, estudiosos, alquimistas, pesquisadores, cientistas e artistas"*, entre outros. Através de documentos fidedignos é que se podem ter conhecimentos sobre as condenações e execuções, máxime, sobre as condenações e execuções aos "hereges", as quais eram macabras, assustadoras e horripilantes, indo do *"esquartejamento, execução, forcas, guilhotinas, mortes na fogueira e até à dilaceração natural de membros"*. Tais execuções eram realizadas em praça pública, como forma de demonstrar e impor o "Poder da Igreja" sobre os povos e, ainda mais, com a aquiescência dos governantes que dominavam o poder político e social.

Quando se volta ao estudo do tema: "Maçonaria – Jesus Cristo e a Raiz do Cristianismo", é imprescindível os estudos sobre os tópicos: *"Novo Testamento, História da Igreja, dos Papas, da Inquisição"*, entre outros, pois são assuntos que estão ligados à *"Maçonaria* e à *Igreja Católica"*.

Muito embora, o que é ponto pacífico, e é uma questão de suma importância no Cristianismo, indubitavelmente, são os estudos sobre "Jesus Cristo" – "Jesus de Nazaré", "Jesus da Galileia", "Yeshua", "Jesus". Mas, para nós, os Cristãos, é "Jesus, o Cristo". Como escreveu a guarda Romana: *(Jesus de Nazaré – Rei dos Judeus – INRI – ou Yeshua)*. "Iesus de Nazaré Rei dos Iudeus – INRI". Sendo este um vasto e apaixonante campo para estudos e pesquisas ao leitor interessado na matéria.

O leitor que tem interesse no tema: "Maçonaria, Inquisição e a Igreja Católica" deve aprofundar seus estudos sobre variados tópicos, como *A relação entre a "Maçonaria e a Igreja Católica"*. Estudar sobre "conflitos", *"divergências"* e *"invencionices"*, *"lendas e folclore"*, *"fatos"*, *mas perseguir* a *"luz da verdade"*. Já que tantos que desconhecem a Maçonaria, seus princípios e sua atuação no cenário, tanto nacional quanto internacional, fantasiam sobre a Ordem, com histórias inverossímeis, lendárias e supersticiosas, longe da verdade. Porém, que de boca a boca se tornam inverdades verdadeiras, lançadas ao vento pelos que não têm conhecimentos, nem domínio de causas. Somente através de estudos e pesquisas é que poderão chegar à verdade real e descobrir a importância da Ordem Maçônica, ao homem, à sociedade e ao Universo, no campo do progresso intelectual, social e humano.

Quanto ao interesse de estudos sobre o *"Satanismo"*, deve o leitor aprofundar-se nos temas que envolvem a *"Inquisição"*. Entretanto, há outros tantos temas que versam sobre este tópico. Mas a Inquisição necessita de acurada atenção, para estudá-la e ter domínio sobre o tema, no seu tempo e nos variados períodos, conforme os grupos dominantes.

É comum, porém nos estranha, a existência do *"Satanismo"* como uma *"Religião"* e, sobretudo, que existe a *"Missa Satânica"*, com celebração de "Culto ao Demônio". Entretanto, findos os estudos e pesquisas vai se tornando mais inteligível. Mas grande parte não passa de lenda ou folclore, por isso é bastante que o estudioso se aprofunde no tópico para enriquecer seus conhecimentos. Portanto, o leitor deve estudar e conhecer o tema: – *"Satanismo – a Missa Negra e a Magia do Caos"*, para dissipar suas dúvidas e dominar a realidade sobre os fatos.

A *"Missa Satânica"*, sintetizadamente, é uma *"Cerimônia"* que se caracteriza por ser *"Contrária"* às *"Cerimônias do Catolicismo"*, que são vivenciadas e comuns à grande maioria, máxime, dos Cristãos Católicos.

Este antagonismo levou muitas pessoas a tirar conclusões precipitadas, distorcidas e infundadas, com a relação à realidade sobre a Missa Satânica. Portanto, é imprescindível que se faça aprofundados estudos e pesquisas sobre esse tópico, estranho a uma grande parcela da sociedade.

Cada leitor terá uma série de fontes para estudos e pesquisas, de forma a dissipar suas dúvidas. Nós, na qualidade de autor, levantamos o problema; porém, a busca das interrogações caberá a cada um de vós. Através de tópicos, com pequenas exposições, abre-se um vasto campo às dúvidas. Quando caberá a cada leitor, estudar e pesquisar para concluir suas elucubrações, de uma vez por todas, procurando o domínio sobre a temática.

No tópico "A Missa e a Magia do Caos", caminha-se com o leitor procurando enriquecer seus conhecimentos sobre o tema e separar o que é lenda, folclore, crendices populares do que seja a realidade.

Nos estudos sobre "A Sagrada Magia de Abramelin e o Satanismo de Lavey", conclui-se que não há *"práticas ocultistas"*, muito embora não se possa ignorá-las completamente. Bastante que se estude, pesquise e aprofunde-se nestes temas, tão obscuros, de antemão, mas que, ao longo dos estudos e de domínio sobre estes tópicos, vão se dissipando as dúvidas e interrogações.

Entretanto, ao estudar e pesquisar sobre o tópico da "Magia Enochiana", na categoria do *"do Satanismo"*, o elo é encontrado nas *"Chaves Enochianas"*, que consta na *"Bíblia Satânica";* editada ou somente publicada por *"Anton Lavey,* como uma forma de levar ao leitor os conhecimentos de sua origem e qual é o seu escopo, e de cada uma delas. Se não em pormenores, pelo menos sintetizadas.

Ao aprofundar os estudos, quando se trata sobre a *"Sagrada Magia de Abramelin"*, nada mais existe que referências, dificultando os esclarecimentos sobre o tema. É um dado intrigante, mas que faz ver com clareza suas influências ocultas sob "Lavey". São estes os estudos que podem levar o leitor a viajar no tempo, através dos livros, voltados a decifrar os mistérios, ocultismo e os misticismos destas intimidades ou ordens, sanando suas dúvidas e tirando suas próprias conclusões. O que se torna um árduo, difícil e penoso trabalho de pesquisas.

De outra banda, um estudo que atrai o leitor é, sem dúvida, o tema sobre "A Maçonaria e a Psicologia", que se constitui de tópicos que levam à reflexão, cabendo ao leitor refletir sobre questões psicológicas e que são dúvidas para tantos quando a presente obra, num pequeno tópico, procura situar o leitor e ampliar os seus conhecimentos. Quando não, pelo menos, cometê-lo a um estudo amplo e mais acurado.

Retornando à discussão sobre *"Lavey"* e a *"Magia Enochiana"*, se são, ou não, *"Satanistas"*, dependerá das conclusões de cada leitor. Muito embora, comete cada estudioso aos estudos aprofundados sobre este tema que é, deverasmente, polêmico e de difícil compreensão. Mas nada que estudos e pesquisas não tragam à tona uma compreensão sobre sua realidade.

Por ser um tema que versa sobre *"Anjos"*, normalmente aguça a curiosidade e desperta as atenções de todos os interessados no tema. Entretanto, para estudá-los e pesquisá-los, a melhor fonte será encontrada no tópico: "Satanismo e a Magia Enochiana", no qual o leitor terá suas dúvidas sanadas e, ou pelo menos, uma maior fonte de pesquisas. O autor é aquele que prepara o leitor para pesquisas e oferta algumas fontes, que serão os caminhos que cada leitor triará na busca da verdade real. Nunca é aquele que oferta tudo pronto e esclarecido, não levando o leitor às dúvidas e aos questionamentos. Estes são os caminhos para o domínio da sapiência de cada estudioso.

Como nós, Cristãos, temos um ideal Cristão preconcebido sobre *"Anjos"*, normalmente, divagamos nos pensamentos e formulamos os nossos "juízos de valores". Procuramos entender as dimensões angelicais e quais suas posições nas potestades; se são: "Querubins, Jasmins, Serafins, ou outros". E quais são os seus graus dimensionais de domínios, fluidos ou energias cósmicas. Sempre será uma incógnita e haverá interrogações que nos levam às profundas reflexões.

E, também, por pensarmos como será que as outras correntes dizem ou pensam sobre o assunto relacionado aos "Anjos", haverá muita curiosidade. Realmente, é um tema que nos apaixona e nos leva a profundas reflexões, em nosso mundo mental e intelectual.

Nos estudos da *"Simbologia Universal"*, há milhares de Símbolos, os quais são encontrados nos mais variados "Ritos" e "Rituais" da "Ordem". Sendo, estes, objetos de estudos, neste tópico, sob o título de: "A Maçonaria e o Simbolismo Universal", procuramos destacá-los e levar ao conhecimento de todos que se interessam pelo tema.

Por mais que muitos Maçons insistam que somente podem estudar os Símbolos de uma única forma, comprovamos que não. Sabe-se que um Símbolo pode ser estudado de várias maneiras, dependendo da vontade do leitor que procura desvendar os mistérios de cada Símbolo. Não importa com qual maneira que se estuda um determinado símbolo, ele estará sempre ligado à sua forma de ser, enxergar as coisas e analisá-las de seu campo de visão e de seu formalismo.

Há várias formas para entender os Símbolos; eles podem ser entendidos de forma: *litúrgica, antropológica e mística,* entre tantas outras. Depende de qual ótica o leitor pretende estudá-los.

Ainda, há os que defendem que existe uma única forma de compreender os Símbolos. Mas a qualquer um é dado o discernimento de compreender a simbologia da Ordem. E serão da mesma forma, "verdadeiros", tanto para um quanto para os outros. Basta entender que, através da Simbologia, se precede uma série de comunicações, como se letras ou palavras fossem Símbolos que, assim como palavras, levam comunicações e dizeres, mudos, aos seus praticantes, através da visão.

É de difícil compreensão a *"Doutrina de Aliester Crowley",* um dos maiores ocultistas da história e, sobretudo, um renomado comunicador. No entanto, é imprescindível que o leitor conheça algo sobre: os *"Corpos Espirituais",* quando será mais fácil a compreensão da *"Doutrina Crowley".*

Através de leituras e pesquisas, chega-se à conclusão que: "Aliester Crowley", que foi tachado de "Satanista" e de "Senhor do Mundo das Trevas", porque trilhou num campo desconhecido por muitos, mas também foi quem ofereceu à sociedade um vasto campo de conhecimento filosófico e doutrinário. Os que condenam ou criticam Aliester Crowley, quiçá o façam por não entender a profundidade filosófica de sua doutrina. Porém, todos que procuram o conhecimento, neste campo, através de estudos e pesquisas, irão descobrir uma doutrina com profunda filosofia e nunca uma mera crítica a quem quer que seja.

Os estudiosos da matéria devem procurar e se aprofundar nos estudos do tópico: "Maçonaria e a Filosofia da Virtude", de forma que, se não dominá-la, pelo menos possa entendê-la. Nela se encontra com grande destaque a filosofia maçônica, de que os Maçons têm um dever, resumido na máxima, de que devem: *"Construir Masmorras ou Cavar Túmulos aos Vícios e Templos* às *Virtudes".* E, de *"ser Livres e de Bons Costumes".* Ser "livre" é até uma **facilidade ao ser humano; porém ter** "bons costumes" **é uma luta no cotidiano de cada ser humano, na procura da perfeição, ao longo de toda uma vida do ser humano.** Uma luta que deveria ser travada por todos os homens na sociedade e deveria ser do conhecimento geral e para todos.

Na discussão e nos estudos sobre a Maçonaria, costuma-se dividi-la, em três fases distintas: *"Maçonaria Social, Maçonaria Filosófica e Maçonaria Espiritual"*, de forma a facilitar o seu entendimento e torná-la inteligível a todos, quando quiserem ou tiverem a pretensão de estudá-la ou conhecê-la, em sua profundidade doutrinária, filantrópica e filosófica.

A *"Maçonaria Social"* está ligada a sua atuação externa, isto é, à "Ordem e à Sociedade", onde têm vivência e atuação direta todos os seus Membros, em maior ou menor grau de participação.

Quanto à *"Maçonaria Filosófica"*, esta tem atuação entre seus Membros e é um processo interno. É a ideologia que se estuda dentro de Loja, como determina a *"Ordem"*. E que leva à reflexão, de cada um, de forma a envolver todos os seus Membros.

Já a *"Maçonaria Espiritual"* é um tema que gera discussão e acalorados debates, sempre que o tema esteja em discussão; sempre voltada ao respeito aos dogmas, culto ou crença dos Membros que comungam nos quadros da Ordem. Assim sendo, é uma fonte para os estudiosos, e todos os que pretendem dominar ou ter conhecimento sobre este tema devem procurar suas fontes, nos estudos da "Maçonaria Espiritual", sem sombra de dúvidas.

Nos estudos sobre o "Satanismo e Seus Aspectos", não podemos prescindir da ideologia da *"Lei de Talião"*, a qual pode ser encontrada no tópico "Satanismo e a Lei de Talião". É a lei de *"dente por dente e olho por olho"*.

Quanto àqueles que são muitos desentendidos no assunto e que venham a pensar que o Satanismo somente engloba os princípios Satânicos, fruto dessa ideologia, estão muito enganados. Para uma rápida compreensão, procure ler: a *"Lei de Talião"*, a qual é conhecida como a velha lei do *"olho por olho"* e *"dente por dente"*. É uma das primeiras leis que se conhece na história da humanidade, a qual foi elaborada, regulamentada, sancionada e aplicada ao povo, nos primórdios da sociedade. Ela é oriunda do "Código de Hamurabi", no grande Império Babilônico, da conhecida Babilônia. Sendo uma lei conhecida por todos e que, de tão conhecida, se tornou de domínio público.

Como fonte de estudo anterior, a "Maçonaria Filosófica" está voltada às reflexões dos Membros da Ordem. É um trabalho dos Obreiros, em suas oficinas, com o escopo de aperfeiçoar seu intelecto. Como pensadores que são, os Membros da Ordem aprofundam-se filosoficamente nos campos que cercam a intelectualidade, a espiritualidade, a sociedade, a moral, o caráter, a personalidade do homem na sociedade e sua evolução para o progresso da humanidade, e suas ações são iluminadas pelas *"Luzes da Razão"*. O Maçom não é perfeito, porém deve viver e proporcionar a busca da perfeição do homem, em prol de seu próximo e do progresso da sociedade, voltado à evolução da humanidade. Esta deve ser a filosofia de todos os Membros da Ordem Maçônica. O Maçom não visa ostentação; visa trabalho, estudos e boas ações, no seio da sociedade.

Quando se estuda sobre "Satanismo e a Virtude do Egoísmo", tem que passar, obrigatoriamente, pela *"Filosofia do Objetivismo"*, de Ayn Rand, visto que esta foi a obra que influenciou o Satanismo de Lavey, com a *"Virtude do Egoísmo"*. Fazendo parte integrante das correntes de pensamentos, com influência direta no Satanismo. Porém, há outras correntes de pensamentos, mas em níveis menores, e da mesma forma com sua importância, de acordo com cada pensador.

Para entendimento do que seja *"o Caminho da Mão Direita"* e quais são os motivos da Maçonaria estar dentro desse caminho, é necessário discorrer sobre a *"Maçonaria Milenar"*. Quando temos que estudar e destacar: *Como ela funciona e atua, na prática, e de que forma ela pode ser compreendida,* em todos os seus aspectos. Neste caso, temos que versar sobre a: "Maçonaria Social", onde está inserida e onde vivem e atuam os seus Membros.

Para a grande maioria das pessoas, a Maçonaria é um órgão exclusivamente filantrópico. *Excetuando, obviamente, aquela grande parcela da sociedade, que acredita que a Maçonaria é, indubitavelmente, uma Seita Satânica.* Porém essa parcela da sociedade desconhece, completamente, a Maçonaria e seus objetivos humanos e sociais. E, ainda, que a Maçonaria é uma Ordem discreta, filosófica e filantrópica, voltada ao progresso da humanidade, na evolução do homem e de amor ao próximo e devoto a um Ser Criador, que é Deus, chamado pelos Maçons de Grande Arquiteto do Universo – G.·. A.·. D.·. U.·. ou G.·. A.·. U.·.. Portanto, uma Ordem voltada ao aperfeiçoamento intelectual do ser humano, da natureza, ao progresso da pátria e o da sociedade, como um todo.

Voltando para outra vertente da sociedade e para que haja uma compreensão sobre "filosofia" e a "ideologia" que são "sustentáculos" do "Satanismo", o leitor tem que aprofundar seus estudos sobre: "Satanismo e a Filosofia do Nietzsche", se preferir ter um conhecimento sobre esse campo e ter um domínio sobre a matéria.

"Friedrich Nietzsche" é um dos mais admirados "filósofos" de seu tempo, e que tem elevado respeito, até de seus "críticos" e "questionadores", devido aos seus pensamentos e suas reflexões, encontrados em suas obras e escritos, voltados à filosofia social.

O leitor, também, não pode desconhecer a importância do *"Existencialismo"* inserido no "Satanismo de Lavey". E, desta forma, tirar suas conclusões.

O "Existencialismo" tem como ápice filosófico: A *"Ideologia que permite ao homem uma valorização da própria vida",* o que delega um maior valor, ao progresso do homem e à evolução da humanidade. São filosofias que o leitor deve estudar e dominar, para aplicá-las no cotidiano da evolução social.

Outra questão muito polêmica tanto em loja quanto fora

dela, é a questão da "*Origem da Maçonaria*", sendo este, um tema com uma diversidade de opiniões. E encontra-se, na sociedade, uma infinidade de ideias e sugestões das mais variadas. Fato que exige, do leitor, estudos e profundos conhecimentos, a fim de jamais opinar ou sugerir, erroneamente.

Não se pode fugir, mas é um tema que exerce grande influência na ótica de cada um, como forma de enxergar a "Ordem". Para uns, a Maçonaria existe há milênios, já para outros, nem tanto.

Entretanto, é uma questão que inicia com o surgimento da "*Maçonaria Moderna*", em 24 de junho de 1717, e com sua primeira "*Constituição*", em 1723, que foi a "*Constituição de Anderson*", pois ela tratava do surgimento da Ordem. Esta constituição foi a espinha dorsal da Maçonaria Moderna, conhecida como Maçonaria Especulativa, em substituição à Maçonaria Operativa. Mas que caminham ombreadas: a Maçonaria Operativa e a Especulativa. Porém, com princípios diferentes.

Para uns, a "Ordem surgiu na Mesopotâmia". Para outros, na Babilônia, na Pérsia ou no Velho Egito. Há quem afirme que foi durante o Império Romano. E, ainda, tem quem defende uma corrente de que a Maçonaria se iniciou na Caldeia, no Império Caldeu.

Para nós, na qualidade de simples e humilde pesquisador, "*a Origem da Maçonaria perde-se na poeira dos tempos, máxime, a Operativa*". *E seus estudos podem ser encontrados nos vetustos alfarrábios existentes nas mais antigas bibliotecas, espalhadas pelo mundo. As que não foram incendiadas, evidentemente, num passado muito remoto, ainda guardam e preservam uma série de documentos e registros sobre a Ordem.*

Porém, é uma temática apaixonante e que exige ao leitor ir buscá-la, para estudos e pesquisas, no tópico: "Maçonaria Milenar", como forma de desanuviar suas dúvidas e interrogações.

De outra banda, para os estudiosos sobre matéria e que buscam conhecimentos, estes devem procurar subsídios e esclarecimentos sobre o tema, nos "*Caminhos Dentro da Maçonaria e do*

Satanismo"; quando deverão compulsar alguns dos compêndios que abordam o tema: "Maçonaria Milenar". São fontes de estudos e pesquisas que poderão aproximar os estudiosos à Ordem Maçônica.

Como também, nos estudos sobre o *"Caminho da Mão Esquerda"*, o estudioso conseguirá compreender, da mesma forma, a origem e a base do estabelecimento do "Satanismo", pelo menos, superficialmente. Mas é imprescindível que haja estudos e muitas pesquisas, pois quase sempre as dúvidas são maiores do que os domínios sobre o tema.

Quanto aos *"CAMINHOS"*, temos: o *"Caminho do Meio"*, que gera dúvidas, ao leitor, sobre os *"Caminhos da mão direita e da mão esquerda"*. E é preciso seu estudo detalhado. Entretanto, para dominá-lo pode-se recorrer ao tópico: "Maçonaria e Satanismo – o Caminho do Meio", e fazer sua reflexão, mediante estudos e pesquisas.

Para as pessoas sem maiores informações e que acreditam que: *"Na Maçonaria há um bode"*, não adianta falar que isso, de "bode", não existe, que são lendas ou superstições. E, como não passam de lendas ou superstições, as pessoas jamais irão acreditar. Mas o fato é que não existe o tal bode na Maçonaria, este animal jamais existiu; assim como não existe, como evidência. Da mesma forma, também não há sacrifícios de "bodes", nem *"Rituais Satânicos", na Maçonaria.* Portanto, é bom ficar esclarecido, mesmo que não adiante muito, pois o povo continua acreditando na existência do tal bode.

Explicar as origens desta lenda, do *"Bode na Maçonaria"*, para os que acreditam em histórias fantasiosas, de estratagemas e lendárias, será uma tentativa infrutífera e sem proveito. Isto porque estas pessoas não irão acreditar somente pelo fato de crerem nas histórias lendárias e fantasiosas; entretanto, são pessoas sem quaisquer conhecimentos sobre a Ordem. Mas em nada fere ou desonra a Ordem maçônica, com esta lenda jocosa, até certo ponto.

Afinal, nem mesmo os Maçons sabem qual é a origem da "lenda do bode", na Maçonaria. Como tudo é lenda: *"Este é um fato fantasioso que vem do anonimato, não tem autoria, não visa lucro e corre de boca a boca. Portanto virou um folclore".* E não tem crédito. Porém, para que o leitor se oriente e se posicione, deve estudar o tópico: "O Bode na Maçonaria" e tirar suas conclusões.

AS LENDAS DO "BODE" NA MAÇONARIA

Entretanto, há a lenda sobre o "Bode na Maçonaria". Dizem que vem dos *"Beduínos"* – camponeses beduínos, criadores de caprinos, no deserto. Diz a lenda:

> *... que quando um beduíno cometia um ato ou ação contrária aos costumes da aldeia ou da religião, sua consciência pesava e o obrigava a expiar o pecado. Então, ele procurava um "bode" e falava em suas orelhas, contando o fato ou ato que cometera. O bode saía e ia pastar. Jamais diria algo a ninguém; e o beduíno aliviava sua consciência e voltava ao seu estado normal. Psicologicamente ficava em paz e estava bem. E, quando houve as perseguições à Ordem, sendo preso um Maçom, interrogavam-no para que revelasse os segredos da Maçonaria. Ele então revelava, pois não tinha nenhum segredo a revelar. Como nada tinha a revelar, era torturado; e nada revelava, pois nada tinha a revelar. Então diziam os algozes: estes Maçons são iguais aos "bodes" dos beduínos. Nada falam, e nada revelam. Daí seguiu a lenda do "bode na Maçonaria".* Moral da História: "Na Maçonaria não há segredos, portanto nada há para ser revelado". "A Maçonaria é uma sociedade discreta, jamais secreta."

LENDA: O BODE NA MAÇONARIA

Muitos jamais irão acreditar que não existe, realmente, um Bode na Maçonaria, muito menos no sacrifício deles, em "Rituais Satânicos", que alguns ainda acreditam que ocorre lá dentro da Ordem.

A verdade é que, tentar explicar as origens do "bode na

Maçonaria", para quem já acredita nas histórias absurdas, supersticiosas e lendárias sobre a Ordem, provavelmente será uma tentativa infrutífera dar as explicações; afinal, acreditar nesses absurdos já demonstra o mínimo de discernimento sobre a Maçonaria.

Esclarecendo e contando a verdade, de uma vez, sobre o bode na Maçonaria, gera muitas dúvidas, mas, a título de esclarecimentos, nem mesmo os Maçons entraram em um acordo, ainda, sobre de onde surgiu a lenda do "bode na Maçonaria", apesar de haver um caminho bem mais curto e verossímil do que os demais. No entanto, é preciso que se abordem as lendas defendidas pelos autores Maçons.

LENDAS DO BODE

O Maçom Raul Silva conta que, na Europa, quando os Membros da Ordem foram caçados e perseguidos pela Inquisição, os Maçons tinham que se reunir, secretamente, na casa de um de seus Membros; e, cada vez, a reunião ocorria em um lugar bem diferente.

Mas, se era em um lugar diferente, como saber onde seria? Esta era a incógnita e nenhum dos Membros da Ordem falava onde seria. Este local era mantido, em sigilo, por todos. Quando se determinava no final de cada reunião: "*Não se diga, nem revele o que, aqui, se passou, nem onde será a próxima reunião, muito menos, o seu local*".

Outras vezes era mais simples. Ocorria que um Irmão passearia com um bode, pela cidade, sendo esse o Sinal de que a reunião iria realizar-se em sua casa. Mas não há nenhuma prova documental. História lendária.

É uma história interessante, mas acontece que isso é apenas uma lenda, que o próprio autor, quando a apresenta, já nos avisa que se trata apenas de uma lenda.

Outra lenda que é muito aceita, como verdade, é a do consagrado escritor José Castellani, que nos conta que essa denominação, *a dos Maçons serem chamados de "bode"*, vem dos Maçons, quando estes eram torturados e não entregavam seus Irmãos. Eles permaneciam silentes "como os Bodes".

Mas o que os "bodes", esses pobres caprinos, têm a ver com isso?

Para Castellani: No início do Cristianismo, havia a prática da "expiação dos pecados", por parte dos Judeus, através dos Bodes, que eram sacrificados em holocausto, como oferenda aos deuses. Outros relatavam suas "falhas" aos bodes, para dividir o fardo e, ainda assim, ter seus segredos guardados.

Ele também nos conta que:

> *Foi desse ato que surgiu a ideia de confissão, na Igreja Católica, onde o Cristão conta seus pecados ao padre; mas que este, pelos votos, tem a obrigação de não contar a ninguém.*

Acontece que esta também é uma lenda, e não há nada que comprove a veracidade do presente relato.

A VERSÃO MAIS PROVÁVEL

Esta vem de Nicola Aslan, que é outro autor com grande conhecimento sobre a Ordem, o qual afirma que: "*Esta lenda só começou, quando associaram a Maçonaria ao Baphomet. E essa é a versão mais próxima da verdade, na atualidade*".

Sabe-se que Baphomet teria sido um símbolo Templário, que viveu na época das torturas, quando houve as perseguições, deflagradas por Felipe, o Belo, e que está associado à Maçonaria, devido ao sensacionalista Léo Táxil, o qual, em um de seus livros, relatava uma série de absurdos, sobre a relação deste Ser com a Ordem. Ele havia iniciado na Maçonaria, de fato, mas não há relatos de que ele tenha ido além do Grau I.

A obra fez muito sucesso e foi creditada como verdade – tanto pela Igreja, como pelos demais religiosos. No entanto, não demorou muito para que o próprio Táxil desmentisse essa história toda e contasse que a obra não era verdadeira, porém, não havia mais como desmenti-la. A semente já fora lançada e estava plantada.

É evidente que, na época, os Cristãos afirmavam que: "*Táxil estava com medo dos Maçons e, por isso, desmentiu sua própria obra*". Mas era apenas uma tentativa da Igreja, de não parecer tão ingênua, por ter acreditado em toda aquela história inverossímil de Táxil.

Táxil chegou a responder à Igreja: "*Vocês realmente acharam que eu havia me convertido ao Cristianismo*"?

Infelizmente, mesmo com tudo isso, Léo Táxil tem sua obra, até hoje, defendida como verdadeira por muitos religiosos que entendem tanto de Maçonaria quanto entendem de sua própria religião.

Na verdade, seria bem mais salutar e verdadeiro, que houvesse algum estudioso que explorasse, verdadeiramente, a Obra de Baphomet, pois este se tornou um símbolo fantástico, devido aos seus escritos irreais. Certamente, seria muito rico e esclarecedor à Ordem e aos leitores, no esclarecimento dos fatos.

Porém, até é possível que haja alguns estudiosos que, ainda, não chegaram até aos leitores. Como há tantos ritos que foram perdidos, é bem provável que exista um que o contemple.

MAS O QUE ERA O BAPHOMET?

Acredita-se que ele teve ligação com os Templários, porque alguns de seus cavaleiros confirmaram, nas torturas que sofreram, por ordem de Felipe, o Belo, terem prestado reverência a um símbolo, que fora chamado de Baphomet. Porém, jamais fora evidenciado ao que, obviamente, eles estavam se referindo, como também, por haverem sido encontradas algumas e supostas referências ao mesmo, nas suas construções.

Nas construções góticas Templárias, em que podem ser identificadas algumas imagens, que se relacionariam com a descrição de Baphomet, elas foram tomadas por "gárgulas"; e quiçá fosse somente isso mesmo. As figuras mais famosas estão nas construções da Comendadoria Saint-Bris-Le-Vineux e da Igreja de Saint-Merry.

Entretanto, a imagem mais conhecida de Baphomet foi a obra do escritor e martinista Eliphas Levi, no século XIX. Como há outras imagens de Baphomet por aí, não podemos dizer que existe um padrão, mas podemos dizer que a figura de Levi é o Baphomet, mais conhecido e divulgado.

Dentre essas imagens, alguns tinham mais elementos que os outros, mas nunca perdendo seu objetivo de apresentar as bases Alquímicas.

Normalmente, se utiliza a figura de Baphomet de Eliphas Levi, para facilitar os estudos e as explicações. Com isso, o leitor terá uma fonte vasta e bem mais rica em suas mãos.

NOS SÍMBOLOS DE BAPHOMET

Normalmente, tem-se a representação dos 4 Elementos nas imagens Alquímicas, e, com Baphomet, não é diferente, seguindo as mesmas formas.

Temos a "tocha" na cabeça do Baphomet representando o elemento Fogo. As "escamas" em seu corpo representando o elemento Água. Suas "asas" representando o elemento Ar. E, por fim, suas "patas de bode" que representam o elemento Terra.

O "cubo", ou o quadrado, em que ele está em cima, tem como Simbolismo a matéria, ou o físico. É a representação do domínio sobre a matéria, isto é, sobre o plano físico.

O Pentagrama na testa de Baphomet representa a Magia ou o "Homem Perfeito". Esses dois sentidos estão ligados entre si, quando levamos em consideração o significado da palavra "magia".

O termo se origina na Língua Persa, "*magi*" ou "*magus*", que significa "Sábio". Os considerados sábios, os homens perfeitos, no mundo Persa, foram aqueles que eram capazes de traduzir os mistérios da natureza e sua relação direta com o Homem. Daí a relação da Magia com o Homem Perfeito.

Nos braços de Baphomet vemos escritos os termos "Solve", no braço direito, que aponta para cima e "Coagula", no braço esquerdo, que aponta para baixo. O Solve significa dissolver o Agente Mágico e o Coagula significa coagular esse "agente", no plano físico.

Eliphas Levi defendia a ideia de que se podiam materializar todos os pensamentos do Plano Mental, que seria o plano dos pensamentos e das ideias, e do Plano Astral, que seria o plano das energias e das emoções. Seria basicamente dizer que é possível, em nosso mundo, conseguir o que se deseja, apenas com a "força do pensamento". Essa ideia é amplamente aceita nas diversas correntes místicas ocultistas; e que se tornou mais conhecida devido a ocultistas, como Aleister Crowley. Hoje em dia, a mesma ideia é exposta, de forma superficial, no livro "O Segredo". A posição dos braços representa o axioma Hermético que diz: "*Tudo que está em cima é como tudo que está embaixo*".

Outra representação muito comum, em símbolos alquímicos, é a do "masculino e feminino". Nele encontramos tanto o falo masculino – que na imagem de Baphomet é o Caduceu de Hermes, representando a Kundalini, a força produzida pela junção das energias dos chackras masculinos, com os chackras femininos, como, ainda, também encontramos os seios femininos, representando a fertilidade e a maternidade.

Encontra-se, também, uma cabeça com características de

três animais, *o cão, o touro e o bode*. E esta não é a única imagem que contém uma cabeça, que represente diversas características, em uma só.

LENDA: O BODE NA MAÇONARIA

O bode sempre foi uma criatura emblemática, para o bem ou para o mal, ele esteve e continua inserido no imaginário das pessoas, quando o assunto é Maçonaria. Mas qual é o porquê? O que existe de fato associado a esta criatura que tanta polêmica cria a seu respeito? Neste texto procura-se explicar, de uma maneira simples, estas questões e desmistificar a fama, às vezes negativa, que o animal recebe.

Em suma, é importante dizer que o bode é a forma masculina de se referir a um caprino, quando a feminina é a cabra; os caprinos são animais pertencentes à espécie Capra Hircus. Os filhotes são popularmente chamados de cabritos, sendo gerados pelas fêmeas, por cerca de 150 dias. Têm uma expectativa de vida de cerca de vinte anos e emitem um som chamado de "balido". O substantivo coletivo para grupos de cabras é "fato".

O caprino é um dos menores ruminantes domesticados. As cabras foram um dos primeiros animais a serem domesticados, por volta do ano 7000 a.C. no Oriente Médio, a partir das cabras selvagens. Talvez a sua resistência natural e capacidade de adaptação a condições extremas tenha chamado a atenção dos povos nômades da região para este animal e para a possibilidade de domesticá-lo.

Talvez pela proximidade destes animais na vida da população, diversas lendas foram criadas a seu respeito, associando-os à Maçonaria e a rituais satânicos. A tentativa de se explicar as origens do "bode" na Maçonaria, para quem já acredita nas histórias absurdas sobre a Ordem, provavelmente será uma tentativa bastante trabalhosa; e em nada vai mudar sua maneira de pensar, conforme lendas e superstições.

Nem mesmo os Maçons entraram em um acordo, ainda, sobre de onde surgiu a lenda do "bode na Maçonaria", apesar de haver um caminho bem mais provável do que os demais. No entanto, procura-se abordar algumas explicações para que se torne mais inteligível o fato.

Talvez a associação do bode com a Maçonaria venha da necessidade dos Maçons trabalhar em segredo. Essa preocupação dos Maçons se dá em razão das perseguições, no passado, a muitos Membros da Ordem. Torturas e sacrifícios realizados, pela Igreja ou por Soberanos Déspotas, foram efetuados na tentativa de se conseguir arrancar os segredos da Ordem, através de prisões, espancamentos ou torturas de seus Membros.

A primeira explicação possui caráter religioso, explícito tanto na Bíblia Cristã como no Torá, o livro de Levítico, quando comentam que, nas cerimônias Hebraicas, do Yom Kippur, o dia da expiação, dois bodes eram levados, juntamente a um touro, ao lugar de sacrifício, como parte dos Korbanot, do Templo de Jerusalém. No templo os sacerdotes sorteavam um dos bodes. Um era queimado, em holocausto, no altar de sacrifício, com o touro.

O segundo tornava-se o "bode expiatório", pois o sacerdote colocava suas mãos sobre a cabeça do animal e confessava os pecados do povo de Israel. Posteriormente, o bode era deixado ao relento e na natureza, levando consigo os pecados de toda a gente, para ser reclamado pelo anjo caído Azazel. Confessar os pecados a um bode, junto ao seu ouvido, assegurava, ao pecador, que os seus segredos dos delitos confessados ficassem guardados para sempre, tendo em vista que bode não fala; e nada poderia dizer.

Na visão Cristã podemos interpretar o "bode expiatório" como a figura do Messias, que fora enviado ao deserto para ser tentado pelo Diabo; o autossacrifício de Jesus, que chama a si, todos os pecados da humanidade. Mas, ao analisarmos a função do confessionário católico e o compararmos com a função do "bode expiatório", vemos que ambos são bastante semelhantes.

Atualmente o termo “bode expiatório” é bastante utilizado para se referir a alguém que é escolhido, arbitrariamente, para levar, sozinho, a culpa de uma calamidade, crime ou qualquer evento negativo que geralmente não tenha cometido. A busca do bode expiatório é um importante instrumento de propaganda. Um clássico exemplo são os judeus durante o período nazista, que eram apontados como culpados pelo colapso político e pelos problemas econômicos da Alemanha. Aliás, Hitler sempre associou a Maçonaria aos movimentos sionistas.

Os grupos usados como bodes expiatórios foram, e são muitos ao longo da História, variando de acordo com o local e o período.

Em síntese, como à vista do mundo Profano, a Maçonaria é recheada de segredos, e como o “bode expiatório” é associado a segredos, podemos imaginar de onde nasceu esta associação.

Outra explicação possível para a associação do bode com a Maçonaria é a figura de Baphomet.

Baphomet, provavelmente, é uma transformação da palavra Mahomet, e é um termo originalmente usado para descrever uma divindade, supostamente adorada e jamais comprovado pelos Templários; e, posteriormente, foi incorporado em tradições místicas ocultas e desiguais.

O nome Baphomet apareceu pela primeira vez nos séculos XI e XII, e muitos acreditam se tratar, na latinização, do nome de Maomé, quando vários escritores portugueses utilizavam o termo Bafoma, para se referir a Maomé; porém, depois apareceu como um termo de um ídolo pagão, em transcrições do julgamento da inquisição dos Cavaleiros Templários, no início do século XIV. O nome apareceu, pela primeira vez, na consciência popular inglesa, no século XIX, com debates e especulações sobre as razões das perseguições aos Templários.

Foi com este símbolo, maliciosamente utilizado, que o Clero Medieval, juntamente, com o Rei Felipe, o Belo, perseguiu e condenou a Ordem dos Templários, eliminando a Ordem e dividindo seus bens entre si, e que não eram poucos.

BAPHOMET – CONVENTO DE CRISTO DE TOMAR, EM PORTUGAL

Entre suas várias e supostas representações, existe uma única e possível imagem de Baphomet, encontrada num santuário templário, que consta de uma cabeça humana, com três ou quatro faces, cada uma representando uma face de Deus ou de Hermes, como se verifica no Convento de Cristo de Tomar. Hoje se sabe que a figura do "bode de Mendes", à qual Eliphas Levi atribuiu o "posto" de Baphomet, não passa de uma figura ocultista que nada tem a ver com o Baphomet Templário.

De qualquer forma, a fama recaiu sobre o Baphomet de Eliphas Levi, principalmente por sua curiosa constituição, cabeça com características do bode, do burro, do touro e do cão, com mãos humanas, ventre de bode e seios de mulher. Cada um destes detalhes representando suas características místicas e esotéricas.

O interessante é que assim como encontramos o suposto Baphomet Templário, em representações religiosas cristãs, como é o caso do Convento de Cristo de Tomar, também encontramos representações do Baphomet de Mendes, sobre o portão central da Igreja de Saint Merry, que foi reconstruída no século XVI.

O século XVI foi o século em que floresceu o hermetismo, a alquimia, a cabala, e outras ciências ocultas, como diversas igrejas da época foram ornamentadas, com símbolos referentes a estas ciências, que eram estudadas pelos próprios homens de Igreja, da época.

Esta associação da Maçonaria com a figura de Baphomet de Mendes, provavelmente criada devido ao sensacionalista Léo Táxil, que, em um de seus livros, relatava uma série de absurdos, sobre a relação do ser com a Ordem. Ele havia iniciado na Maçonaria, de fato, mas não há relatos de que ele tenha progredido além do 1º Grau.

A obra fez muito sucesso, e foi creditada como verdade, tanto pela Igreja como pelos demais religiosos. No entanto, não demorou muito para que o próprio Táxil desmentisse essa história toda e contasse que a obra não era verdadeira. Mas já não era mais possível desmenti-la. Sabe-se que:

> *Uma mentira lançada, a tantas pessoas, numa terra fértil irá reproduzir, da mesma forma, uma mentira falada mil vezes se torna uma verdade, mesmo sendo uma inverdade.*

É claro que, na época, os cristãos diziam que Táxil estava com medo dos Maçons e, por isso, disse tudo isso e desmentiu. Mas era apenas uma tentativa da Igreja de não parecer tão ingênua, ao ter acreditado em tudo aquilo.

Infelizmente, mesmo com tudo isso, Leo Táxil é, até hoje, defendido como verdadeiro por muitos religiosos displicentes, os quais entendem tanto de Maçonaria quanto entendem de sua própria religião.

O BAPHOMET DA IGREJA DE SAINT MERRY – FRANÇA

Outra teoria que parece bastante plausível foi a pesquisada pelo Maçom Raul Silva. Ele conta que na Europa, quando os Maçons foram caçados pela Inquisição, tinham que se reunir secretamente, na casa de um de seus Membros e, cada vez, a reunião ocorria em um lugar diferente. Entrava aí a figura do bode, quando um Maçom passeava com seu bode pela cidade e, como o animal era comum, não levantava quaisquer suspeitas. Esse era um sinal de que a reunião ocorreria em sua casa.

Atualmente a figura do bode está inserida na cultura maçônica, virou mania entre os Maçons e é até um ato jocoso entre os Maçons. Existem adesivos de carro, chaveiros, camisas, bonés, bonecos e até estatuetas que são vistos entre o meio maçônico. Muitas suposições foram e continuam sendo levantadas, a fim de explicar sua associação à Maçonaria, ficando ao critério de cada um, que eleja aquela que mais lhe convencer, já que todas são baseadas em suposições não comprovadas e do imaginário popular. São lendas e superstições que passam, de pessoa para pessoa, no meio do povo. Virou um verdadeiro folclore.

Das lendas, superstições e folclore passam-se à realidade, e as Ordens Iniciáticas têm suas formas peculiares de transmitir seus conhecimentos. Cada uma "de per si". Umas de formas diretas e outras de formas indiretas. Assim, temos a: "Rosa-Cruz" – pertencente à "Antiga e Mística Ordem Rosa-Cruz" – "AMORC", esta é uma Ordem que transmite seus conhecimentos de forma direta. E o faz através de "monografias", que são entregues aos Membros a cada novo grau galgado. Levando, cada Membro, a uma visão macrocósmica do universo em que esteja inserido. Destarte, a evoluir seus conhecimentos sobre a Ordem.

Sobre o aparecimento do "Satanismo" no mundo, cabe a cada leitor compulsar a temática: "O que o Satanismo Não É?". De forma a dominar o tema e fazer suas reflexões.

Quanto ao desenvolvimento da "Igreja Católica" no mundo, é um tema que chama a atenção e desperta curiosidades, desde sua origem inicial.

Através de pesquisas e estudos, conclui-se que a *"Igreja Católica"* lutou por dezenas de centenas de anos, para estruturar seus domínios, portanto, desde o seu surgimento, até adquirir forças e poder nos continentes e, em seus países, onde esteja presente, no mundo Cristão.

Nos séculos iniciais, ela iniciou com uma "Religião" com sucesso no "Império Romano". Mas deparou com um antagonismo ferrenho e era muito combatida. Quando os troncos religiosos, estabelecidos, máxime, o "Judaísmo", pois este não aceitava o Cristianismo, por não aceitar Jesus Cristo como um Salvador, por extensão o "Catolicismo Apostólico Romano" era perseguido.

Havendo um período em que os "Cristãos Católicos" reuniam-se em "Catacumbas", para fugir às perseguições, e muitos Cristãos foram perseguidos e mortos, em prisões e ou por execuções. Este longo antagonismo gerou uma série de celeumas, inclusive revoluções armadas, até a Igreja de São Pedro ou "Igreja Católica Apostólica Romana" ser estruturada. Porém, ela prosperou e dominou o mundo cristão.

O tópico "Maçonaria Para os Não Maçons" oferta um campo de pesquisas e uma fonte de estudo para os Maçons e para os neófitos, isto é, *os que não são Maçons* e desejam compreender, com melhor visão, o funcionamento da Maçonaria, seu mecanismo, sua origem, suas tradições e seus objetivos. Como, também, é de grande importância ao aperfeiçoamento dos Maçons, espalhados por toda a Terra.

Todo aquele estudioso que tenha sede do saber, deve ler e estudar, com profundidade, o tema: "A Maçonaria Para os Não Maçons", como forma de ampliar seus conhecimentos, dissipar suas dúvidas, fazer suas reflexões e tirar suas conclusões.

As discussões e os debates sobre os "*Segredos e Mistérios da Maçonaria*" são demorados e acalorados e, na maioria das vezes, não chegam à conclusão alguma. *É um pouco do quase nada. Que vem não sei de onde, e vai para lugar nenhum.* Como acontece em todas as reuniões sociais e em debates. Falam-se muito e se produzem muito pouco.

Aprender a estudar e apreender a Maçonaria, em seu seio, leva o estudioso a clarividenciar e entender o que é Maçonaria. Mas, para tanto, exige de cada estudioso muita dedicação e tempo, pois sua filosofia comete o estudioso a uma forma de vida voltada ao bem de seu próximo e o da sociedade, em geral, independente de posição social, conhecimentos ou intelectualidade, credo religioso, ideologia política e social, condição econômica, cor, raça e ou quaisquer etnias.

É comum, ao "não-Maçom", pensar que a Maçonaria é como uma escola, no sentido acadêmico, como se houvesse uma determinada grade curricular a ser seguida e que envolvesse todo o conhecimento, ali, existente. A *"Maçonaria é uma Ordem Iniciática e Ritualística, universal e fraterna, filosófica e progressista, fundamentada no livre-pensamento e na Tolerância, quando tem por objetivo o desenvolvimento espiritual do homem, voltado à edificação de uma Sociedade mais livre, justa e igualitária".*

> *A Maçonaria não aceita "dogmas", combate todas as formas de "opressão", "luta contra o terror" e a "miséria", contra o "sectarismo" e a "ignorância"; "combate a corrupção"; porém "enaltece o mérito", luta pela "união de todos os homens", pela "prática da moral universal" e "pelo respeito da personalidade de cada um". Considera o "Trabalho como um direito e um dever inalienável" e "valoriza, igualmente, o Trabalho Intelectual e o Trabalho Manual".*

A Maçonaria é uma ordem de duplo sentido: *"De Instituição Perpétua e de Associação de Pessoas ligadas por Determinados Valores, que perseguem determinados fins e que estão vinculadas a determinadas regras, com determinados fins"*, na busca do aperfeiçoamento do homem, do progresso da sociedade e da evolução da humanidade. Sem fugir de sua crença em Deus Pai e Criador do Universo, a quem chamam G∴ A∴ D∴ U∴ ou G∴ A∴ U∴. Concluindo que Deus, na sua Perfeição, criou o Universo e tudo que nele há, portanto, é o Maior Arquiteto do Mundo.

O QUE É MAÇONARIA?

A Maçonaria, em sentido lato:

> *"É uma Ordem Iniciática e Ritualística, universal e fraterna, filosófica e progressista, baseada no livre-pensamento e na tolerância, que tem por objetivo o desenvolvimento espiritual do homem com vista à edificação de uma sociedade mais livre, justa e igualitária".*

Como se sabe, a Maçonaria não aceita dogmas, portanto:

Combate todas as formas de opressão e contra a servilidade do ser humano, luta contra o terror, a miséria, o sectarismo e a ignorância, combate a corrupção, enaltece o mérito, procura a união de todos os homens, pela prática de uma Moral Universal e pelo respeito da personalidade de cada um. Considera o trabalho como um direito e um dever, valorizando igualmente o trabalho intelectual e o trabalho manual.

Cada leitor tem que saber que:

A Maçonaria é uma Ordem de duplo sentido; sendo uma instituição perpétua e de associação de pessoas ligadas por determinados valores, que perseguem determinados fins e que estão vinculadas a certas regras.

A Maçonaria é uma "Ordem Iniciática", porque:

Só pode nela ingressar quem se submeta à cerimônia de Iniciação, que é o verdadeiro "batismo" maçônico, que significa literalmente o começo, e simboliza a passagem das trevas à "Luz".

A Maçonaria é Ritualista, porque:

As suas reuniões obedecem a determinados ritos, que traduzem simbolicamente, sínteses e sabedoria, remontando aos tempos mais remotos da Ordem.

Neste diapasão, **a Maçonaria é universal e fraterna,** porque:

O seu fim último é a fraternidade universal, ou seja, o estabelecimento de uma única família na face da Terra, em que os Homens sejam, no seio da Ordem, verdadeiramente irmãos, sem qualquer distinção de raça, situação econômica, sexo, religião, ideologia e condição social.

Como escreveu Fernando Pessoa: "A Nação é a escola

presente para a Supernação futura". "*Amar a Pátria e a Humanidade é outro dos deveres dos Maçons*".

A Maçonaria é filosófica, porque:

> *Ultrapassada a fase operativa (corporações de arquitetos/construtores medievais), transformou-se numa associação de caráter especulativo, procurando responder às mais profundas interrogações do Homem. Conservando, contudo, o vocabulário, os utensílios e a simbologia dos pedreiros, construtores dos antigos templos.*

Em suma, **o fim último da Maçonaria:** "É a construção de um Homem novo e de uma Sociedade nova". Por isso, todos os seus Ritos assentam na ideia de construção, sendo baseada na geometria, a mais nobre das artes, porque só ela permite compreender a medida de todas as coisas. Assim se justifica que *a Régua, o Esquadro e o Compasso* continuem a serem instrumentos privilegiados do pensamento maçônico.

A Maçonaria também é progressista, porque:

> *Visa o progresso da Humanidade, no pressuposto de que é possível um homem melhor numa sociedade melhor." "Encurtar as desigualdades e reduzir as injustiças sociais, é um dos seus objetivos, através da elevação moral e espiritual de cada indivíduo.*

Porém, a **Maçonaria não é uma instituição política e, muito menos, partidária.** Está acima de todos os partidos, coexistindo, em seu Quadro, pessoas das mais diversas sensibilidades, crenças e ideologias... A Maçonaria é, assim, um espaço de diálogo e de tolerância. **A sua influência na sociedade não se exerce diretamente, mas apenas indiretamente:**

> *Através do exemplo, da pedagogia e da influência individual dos seus Membros, nos locais ondem exercem a sua atividade; como, no emprego, nos partidos, nas organizações cívicas e sociais... .*

Também, a **Maçonaria é livre pensadora,** porque é uma Ordem que: "*Não aceita dogmas, pratica a tolerância e respeita a liberdade absoluta de consciência*". O Maçom tem o direito de examinar e de criticar todas as opiniões e de discutir todos os problemas, sem quaisquer peias ou limitações. A **Maçonaria é antidogmática,** *tanto no aspecto político, como religioso ou filosófico.* A política e a religião pertencem ao foro íntimo, de cada um, e não podem ser discutidas, salvo nos termos genéricos; como suprarreferidos, para não abalar a união do povo maçônico; pois, como se disse, a Instituição congrega pessoas de todas as crenças ou sem crença nenhuma, de todas as ideologias não totalitárias.

Assim é rotundamente falsa a acusação que vem dos tempos do "*Santo Ofício*", e que foi retomada pela ditadura, deposta em 25 de abril de 1974: "*De que os Maçons, ou pedreiros livres, são contra a religião*". Muitos e ilustres Membros da Ordem foram e são evangélicos e professam sua fé; outros são católicos, como, bispos e cardeais, entre outros eclesiásticos; além de praticantes de outros troncos religiosos, ou de sincretismos religiosos.

A Maçonaria aceita, aliás, a existência de um Princípio Superior, simbolizado pelo "Grande Arquiteto do Universo" (G∴ A∴ D∴ U∴ ou G∴ A∴ U∴), que não tem definição e que cada um interpreta segundo a sua sensibilidade ou convicção. Mas para o Maçom não existe maior arquiteto, neste universo, do que Deus; que criou tudo e todas as coisas que existem na Terra. Para uns será o Deus em que acredita, para outros o Sol, fonte de vida, a própria natureza, a lei moral ou ainda a resultante de todas as forças que atuam no Universo. Esta ideia implica o respeito por todas as religiões, pois todas são igualmente verdadeiras, sem prejuízo do necessário combate ao fanatismo, ao fundamentalismo e às superstições.

Nos tempos remotos e medievais, o Maçom era obrigado a perfilhar a religião do seu País. Mas depois do Iluminismo, e das formas modernas, considerou-se mais adequado, apenas lhe impor a religião sobre a qual todos estão de acordo, e que consiste em amar ao próximo, fazer o bem e ser homem de bem, de caráter, de honra e probidade. Deste modo, a Maçonaria é uma casa de união entre ateus, agnósticos e pessoas dos mais diversos credos.

Deve, porém, dizer-se que a Maçonaria Regular, Tradicional ou de Via Sagrada, por oposição ao ramo Liberal ou Laico, impõe a crença em Deus e na imortalidade da alma, havendo, ou não, as mulheres. No entender de alguns Maçons, a exclusão das mulheres não é muito aceita por todos; pois: *É um fato que viola os princípios maçônicos e constitucionais de igualdade (art.13º da Constituição da República Portuguesa).* Ao manter uma velha tradição de 300 anos, que teima em não adequar aos valores ético-humanistas do nosso tempo, o ramo tradicional ou anglo-saxônico, exclui da dignidade maçônica, cerca de três quartos da Humanidade. A mulher, na atualidade, é um esteio da Maçonaria, tanto no campo social, quanto no de filantropia. Existindo até algumas potências, onde as Lojas são conduzidas pelas mulheres, e elas têm atuação constante.

O QUE É SATANISMO? REALIDADE DE HOJE

O satanismo é um grupo de religiões, composto por muitas crenças ideológicas e filosóficas e de fenômenos sociais. As características comuns entre elas incluem associação simbólica com admiração pelo personagem e até de veneração a Satanás ou de outras figuras rebeldes, similares, como Prometeu, e as figuras libertadoras.

Satanás, também chamado de Lúcifer, por muitos cristãos, aparece, pela primeira vez, no Livro: Crônicas, instigando Davi a fazer um censo em Israel.

O Cristianismo e o Islam, tipicamente, consideram Satanás como o adversário ou inimigo, mas muitas revisões e recomposições populares de contos bíblicos inseriram sua presença e influência, em quase todos os aspectos de posição adversa, até a narração da Criação, em Gênesis e a Queda do Homem, no Paraíso. Máxime, aos cristãos e muçulmanos, a figura de Satanás foi tratada variavelmente, como competidor rebelde ou invejoso dos seres humanos, contra Jesus e, caracterizado como anjo caído ou demônio governador do submundo penitencial, acorrentado num poço fundo, vagando pelo planeta, em busca de almas ou provendo ímpeto para farsas mundanas.

Particularmente, após o iluminismo, algumas obras, como "Paraíso Perdido", foram tomadas pelos românticos e descritas como ilustradoras do Satanás Bíblico, como uma alegoria, representando crise de fé, individualismo, livre-arbítrio, sabedoria e iluminação. Essas obras, demonstrando Satanás como um personagem heroico, são poucas, mas existem; George Bernard Shaw, William Blake e Mark Twain ("Letters from the Earth") incluíram tais caracterizações nos seus trabalhos bem antes de satanistas religiosos começarem a escrever. Foi então que Satanás e o satanismo começaram a ganhar novos significados, fora do cristianismo.

ORIGEM DO TERMO

Em hebraico, o termo satanás quer dizer adversário, aquele que olha para o lado escuro da lua crescente, do nirvana, opositor, se opondo, aquele que planeja contra outro.

O termo "Satan" originou-se do judaísmo e se expandiu entre cristãos e os seguidores do islamismo; chegando, desse modo, a disseminar-se entre diferentes culturas. O termo "satanismo" foi utilizado pelas religiões abraâmicas, para designar práticas religiosas que consideravam estar em oposição direta ao Deus abraâmico, isto é, ao Deus de Abraão.

SATANISMO ATEÍSTA

SATANISMO DE LAVEY

O satanismo de Lavey é uma filosofia, não é considerada

uma religião, por muitos seguidores. Foi fundada em 1966 por Anton Szandor Lavey. Seus ensinamentos são baseados no individualismo, hedonismo e na moralidade "olho por olho". Diferente dos satanistas teístas, os satanistas de Lavey são ateístas que consideram Satanás como um símbolo da natureza inerente ao homem. O satanismo de Lavey é um *"pequeno grupo religioso que não é relacionado a nenhuma outra fé, e cujos membros sentem-se livres para satisfazer suas vontades responsavelmente; e exibir simpatia aos seus amigos e atacar seus inimigos"*. Suas crenças foram detalhadas pela primeira vez na Bíblia Satânica e é supervisionado pela Igreja de Satã. A Igreja de Satã defende todos os seus seguidores, de acusações de sacrifícios de crianças e similares.

SATANISMO SIMBÓLICO

O *satanismo simbólico* é a observação e prática de filosofias e rituais satânicos. Nessa interpretação do satanismo, o satanista não venera Satanás no sentido teísta, mas é um adversário a todos os credos e religiões espirituais.

NOS BASTIDORES DA CORTE

Embora possa parecer um pouco improvável, o satanismo foi muito popular e comum nos séculos XVI e XVII, nas cortes europeias, mesmo com toda a fiscalização da Igreja Católica.

A França, naqueles tempos, tinha um mercado de satanismo muito lucrativo, existindo como se fosse uma máfia, que tinha integrantes até nas mais altas rodas sociais de Paris. Essa máfia, todavia, foi desarticulada pelas autoridades da cidade, em grande parte graças a Gabriel Nicolas de La Reynie.

La Reynie começou a desconfiar que existisse uma rede alternativa de satanismo, em Paris, e, após prender Louis de Vanens, um notório satanista, conseguir iniciar a perseguição. Ele ficou meses, atrás de uma pista da existência do tal grupo, mas nunca conseguiu provar nada e a prisão foi relaxada. Todavia, um dia ele conseguiu prender uma conhecida cartomante, Catherine Deshayes, mais conhecida como La Voisin. Com ela, ele encontrou não apenas artigos que cartomantes normalmente usam, mas, também, objetos pretensamente usados em rituais de magia negra, como: Terra de cemitério, sêmen, entre outras coisas.

Quando foi indagada de suas atividades, La Voisin revelou que, além de poções de amor, ela havia feito diversos abortos para mulheres das mais altas rodas parisienses, sendo que foram supostamente encontrados diversos fetos e bebês enterrados em seu quintal. Entre vários de seus cúmplices denunciados, estava um notório e influente personagem, chamado Ettiénne Guibourg, que, segundo ela, era um integrante da Igreja de Satã, a qual praticava todo tipo de magia e atividades relacionadas com satanismo.

Umas das clientes de La Voisin e do próprio Guibourg era Francisca Atenas, conhecida como Madame de Montespan, uma das favoritas do Rei Luis XVI, que supostamente estava desesperada para se tornar esposa deste. Os primeiros Rituais para Montespan, segundo La Voisin, não envolveram sacrifícios de crianças, mas, sim, de pequenos animais, e certos rituais mágicos. Sobre a influência de La Voisin, Montespan fazia poções e as colocava na comida do rei, com testículos de animais e afins.

Todavia, segundo consta, as intenções de Montespan foram mudando, e os rituais, que eram de amor, foram mudando para ódio, e os Rituais foram se tornando cada vez mais macabros, com a intenção de matar o rei, embora não tenha havido sucesso. Logo depois do grupo ser descoberto por La Reine, diversas pessoas foram presas, inclusive Montespan, que, tendo sido inocentada, passou o resto de sua vida no interior do país; mas ainda foi perseguida devido a sua convicção religiosa.

MUDANÇAS

Devido ao fato do Satanismo Original ser uma doutrina filosófica que pregava a liberdade individual do ser humano, dentre outras ideias, contrariava fortemente os dogmas e princípios morais da Igreja Católica. Esta, desde então, passou a perseguir os adeptos da tal doutrina e a acusá-los de heresias, como adoradores ao demônio e a prática de orgias sexuais. O argumento utilizado pela Igreja para consolidar o seu posto teve uma eficiência quase completa. Ainda assim, alguns grupos satanistas conseguiram preservar suas práticas, muitas vezes ocultas, quando não precisavam fugir para outras regiões, de forma a escapar das perseguições e da morte na fogueira.

É importante destacar que existem diversas vertentes do Satanismo. As duas principais são: *a vertente filosófica,* que se limita a cumprir a doutrina, de acordo com certos valores puramente filosóficos, e *a vertente religiosa,* que teve o seu surgimento alguns anos depois, quando a Igreja acusou os Satanistas Originais de adoradores do diabo, dentre várias outras. Isso fez com que certos grupos, posteriores, pensassem que tal acusação se tratasse de uma verdade absoluta, e devido a certa falta de informação e instrução, tais grupos passaram, desde então, a pôr em prática os Rituais que pensavam constituir as práticas do satanismo. Surge então o Satanismo Moderno, com fundamentos puramente religiosos, os quais a Igreja os acusava de praticarem; o que não anula a sua condição de vertente e a existência de uma vertente filosófica.

Um dos pensamentos mais errôneos sobre o Satanismo é acreditar no uso de fetos humanos, já formados, em Rituais macabros, para invocação da vida, ou da morte, ou de quaisquer outras entidades. No século XX, vários "serial killers" usaram, equivocadamente, o nome do Satanismo para justificar suas atrocidades, sendo que eles não tinham qualquer ligação com os verdadeiros satanistas, cuja filosofia poderia superficialmente ser traduzida, sob a expressão: "Faça o bem ou não faças nada". É o que sintetiza o satanismo.

Aqueles que pretendem se aprofundar neste tema devem recorrer à temática: "*O que o satanismo não é*". Todo aquele que estuda e pesquisa ativamente já deparou com alguém ou algumas pessoas, que se autointitulam ou se intitulavam como: "*satanista*" e, muitas vezes, até sem conhecer esta corrente.

E, neste diapasão, a maioria prega infundadas adorações a Lúcifer procurando transmitir uma falsa versão à humanidade, em geral, quando, na realidade, desconhece o tema.

De certa forma, são pessoas que, na sua maioria, foram relacionadas com músicas e bandas internacionais, com destaque na mídia. Mas que tiveram julgamentos pelos nomes e letras de suas músicas, muito embora, de satanista eles só tinham o nome, tais como: "*Kiss e Iron Maiden*", exemplificativamente. Porém, eram desconhecedores do "satanismo".

Ao estudar a temática "*Maçonaria e Satanismo*", o leitor que não domina a matéria poderá ter um pensamento errôneo sobre a "Maçonaria e sua doutrina" e não entender o que é "satanismo".

A Maçonaria combate a *ignorância, a superstição e a tirania e enaltece a ordem, a moral, as virtudes e os trabalhos* intelectuais e morais.

E, no *artigo 1º* da "Constituição do Grande Oriente do Brasil" – *GOP – no título I* – "Da Maçonaria e seus princípios gerais da Maçonaria...", temos:

Art. 1º – Maçonaria é uma instituição essencialmente iniciática, filosófica e evolucionista, cujos fins supremos são: Liberdade, Igualdade e Fraternidade.

I – Proclama a prevalência do espírito sobre a matéria,

II – Pugna pelo aperfeiçoamento moral, intelectual e social da humanidade, por meio do cumprimento inflexível do dever, da prática desinteressada, da beneficência e de investigação constante da verdade.

XII – Condena a exploração do homem, os privilégios e as regalias, enaltecendo, porém, o mérito da inteligência e da virtude, bem como o valor demonstrado na prestação de serviços à ordem, à pátria e à humanidade.

XIV – Combate a ignorância, a superstição e a tirania.

Cada leitor que pensa que: "*A diferença que existe entre maçonaria e satanismo é meramente suas denominações*", tem que estudar muito, porque está muito enganado.

Se houve algum extremista ou fanático que professa alguma religião sectária, e acredita que a "*Maçonaria é um braço direito do demônio*", irá se decepcionar com a presente obra e, sobretudo, terá que estudar muito, pois a Maçonaria tem sua própria doutrina, com fundamento num Criador, que é Deus, chamado de G∴ A∴ D∴ U∴, e na essência do ser humano capaz de construir o progresso e evoluir a humanidade; esse é, indubitavelmente, o Maçom!

Porém, se o leitor não tem uma ideia formada do que seja o "*satanismo*" e, muito menos, do que seja a "*Maçonaria*", muito bem. Vamos viajar juntos, nas letras, nas linhas e nas páginas desta humilde obra, a fim de aprendermos e compreendermos o que é "*Maçonaria* e, sobretudo, respeitá-la, o que é sumamente importante. Exige, somente, excelsa "sapiência e tempo", do leitor que se propõe a esta empreitada. Dentro do princípio de que: A Maçonaria combate a "IGNORÂNCIA", a "SUPERSTIÇÃO" e a "TIRANIA".

Ao longo dos tempos e, ainda, hoje são propagados incomensuráveis absurdos, sem conhecimentos de causas. E tanto por tantos, ao longo deste nosso planeta Terra, sobre a Ordem Maçônica, porém não divulgam o essencial sobre a Maçonaria, que é, indubitavelmente, a luta pelo:

> *aperfeiçoamento do homem, pelo progresso da sociedade e pela evolução da humanidade, com a obrigatoriedade da crença em um Ser Supremo e Criador de todas as coisas, que chamam de Grande Arquiteto do Universo – G∴ A∴ D∴ U∴, que é Deus,*

para os Cristãos; sua tolerância religiosa, em não admitir diferenças raciais, cor ou credo religioso, ser iniciática e zelar pela moral e pelas virtudes do homem, abominar a servilidade, não admitindo o domínio de um homem sobre o outro; zelar pela liberdade, igualdade e a fraternidade, defendendo a Ordem, a Pátria e a Humanidade e, como princípio: O Amor ao próximo e a fé no Senhor Teu Deus; entre tantas outras virtudes dos seres humanos.

E os temas que atribuem à Maçonaria e que caminham de "boca a boca", *"não se espelharam na verdade, como não merecem créditos"*, porque são frutos de ilações ilógicas e sem conhecimento sobre o assunto e, máxime, sobre a Ordem.

Aos que ignoram a *"lógica e a razão"*, não irão conhecer-se, do contrário do que acreditam sobre a "Ordem", porque crer que os esclarecimentos maçônicos é um meio, simplesmente, para criar subterfúgios e desviar as pessoas sobre os reais objetivos satânicos da Maçonaria é uma crença ilógica e supersticiosa. São ideias, erroneamente, concebidas sobre a Ordem, quando esta nada tem de satanismo. Pelo contrário, a Maçonaria exige que seus Membros creiam no Ser Criador de todas as coisas, que é Deus, a quem chamam de *"G∴ A∴ D∴ U∴"* – Grande Arquiteto do Universo. E a máxima é: *"Todos* ***devem*** *crer em Deus e o Maçom* ***tem*** *que crer em Deus".*

De forma que somente através de apurados estudos e pesquisas, é que o estudioso consiga separar *"o joio do trigo"*, isto é, conhecer e separar o que seja *"satanismo"* e o que é, realmente, a *"Maçonaria"*. A quem não procura estudar e pesquisar sobre o tema, não há explicações convincentes, que dissipem suas dúvidas. E irá continuar sem saber as diferenciações.

Sendo necessário explanar esse tema profundamente, esclarecendo a relação sobre alguma característica do "satanismo", em relação à "Maçonaria" e sua filosofia.

Porém, para fazer esta abordagem sobre algumas características do "satanismo", mas do verdadeiro, vai-se encontrar alguma relação com a filosofia maçônica, quando então é imprescindível que abordemos uma série de fatores para situar o leitor.

Devendo-se analisar os segmentos de maior importância, para um acurado estudo e compreensão com maior profundidade sobre "satanismo" e sobre a Ordem Maçônica.

Para tanto, deve-se voltar à *"moral e ao dogma do Rito Escocês Antigo e Aceito" – R.·. E.·. A.·. A.·., também à "bíblia satânica"*, de Anton Lavey, a fim de que se possa entender e diferenciar cada temática. Mas cabe ao estudioso, interessado, estudá-los e pesquisá-los, para compreender e dissipar suas interrogações e dúvidas. Desta forma poderá ser desenvolvido este assunto aos interessados, com a liberdade de ser "Maçom", "satanista" ou não; isto é, aos que professam outras doutrinas, mas que se interessam pela matéria.

É evidente que, se o estudioso já viver a doutrina e estiver familiarizado com o meio, facilitará sua compreensão com maior facilidade, o que não impede que outros possam também realizar este estudo.

Entretanto, o estudo do *"Universo Místico-Ocultista"*, como o estudo de algum *"segmento ou Ordem Iniciática/Hermética"*, levará maiores dificuldades aos *"caraíbas"* e favorece aos de casa; isto é, dificulta aos que não são familiarizados e facilita aos conviventes, com as ordens.

Na atualidade, quiçá pelo corre-corre, na faina do cotidiano, o labor de cada um retira ao homem a disponibilidade de tempo e ação, aos estudos e pesquisas; não favorecendo a deambulação de bibliotecas, em bibliotecas e a outras fontes de pesquisas.

As Ordens Herméticas não ofertam ou não dispõem destas fontes de pesquisas. E esta precariedade não favorece o progresso dos estudos e pesquisas, ao leitor, levando seus Membros, na grande maioria, a não dominar os assuntos sobre a Ordem. Desconhecendo, desta feita, os preceitos, princípios e doutrinas de sua própria instituição, quando, para tal, exigem-se estudos, pesquisas, debates e disciplinas. Isto é, senão o domínio, pelo menos, o conhecimento sobre a temática. Isto é imprescindível, indubitavelmente. FAÇA A TUA PARTE! CONHEÇA-TE A TI MESMO, E A TUA ORDEM...!

MAÇONARIA E ATEÍSMO

Há muitos que desconhecendo a Maçonaria, seus Ritos, princípios e sua doutrina têm dúvidas sobre o comportamento da Ordem em relação às religiões, mas são dúvidas, consequentemente, da natureza das coisas. E, por desconhecimentos, criam lendas e fatos desconhecidos pela Maçonaria, criando campo a superstições. Portanto, inexistentes.

A compreensão da lógica da Maçonaria está afeta aos Maçons. Porém, nada proíbe, ao Neófito, estudos e pesquisas sobre a Ordem, de forma que, sem conhecer e sem conviver, no contexto maçônico, devem estudar o real e fugir das falácias, das especulações, das lendas e superstições que procuram explicar sobre a Maçonaria, seus atos e objetivos, na maioria das vezes, irreais.

Há pseudointelectuais, dominantes das letras, que "abortaram" seus raciocínios e conclusões sobre a Maçonaria, sem conhecimento de causa. E, da mesma forma e com leviandade, atacam, agridem e tecem vãos comentários contra a Maçonaria, em nome da fé a qual muitas vezes é indigna.

Cabe ao Maçom ter sua fé em Jesus Cristo e em Deus Pai e Criador, máxime, o Maçom católico cristão. O budista, no Buda. O mulçumano, em Alá, e outros. Porém, o Maçom tem que ter a crença num Deus e Criador e cultuar sua fé. Ter sua fé, no SER e CRIADOR E SUA CONVICÇÃO MAÇÔNICA.

Muitos, ainda, querem saber: *"Por que a Maçonaria não admite os "ateus", em seus quadros"?* Essas interrogações são formuladas por todos aqueles que têm pavor à leitura e preguiça de pesquisar, sobre os fatos que se lhes incomodam e os apoquentam. Bastaria, apenas, pesquisar a *"Constituição de Anderson"*, e nela satisfaria suas dúvidas. Quando determina esta constituição que: *"Exige-se de cada candidato a manifestação de sua crença, no Ser Supremo"*. Portanto, somente, através de leituras e pesquisas, o interessado dissiparia suas dúvidas, sabendo que: *"Um ateu não pode ser Maçom"*. De forma que *"o Iniciado deve crer em Deus, mas que não seja o meu, o teu ou do outro, bastando que seja uma crença e fé, em seu Deus e Criador de todas as coisas"*. Portanto, afirma-se: *"O sectarismo religioso, se algum dia existiu, na Maçonaria, há muito foi erradicado"*.

A Maçonaria não está jungida a nenhuma religião; apesar de respeitar e admitir todas elas. E o compromisso da Ordem é, indubitavelmente, com a *"liberdade religiosa"*, pois a *Maçonaria não é uma religião,* mas é uma Ordem que recebe "todos os homens de bem, puros e de bons costumes", que são portadores de uma crença religiosa. Todo aquele que exclui de sua vida "a crença no Ser Supremo" não terá assento na Maçonaria. *"Crer em Deus, como Ser Supremo e Criador, é uma das exigências da Ordem maçônica a todos os seus Membros"*.

Muitos que falam sobre o *"ateísmo"* não compreendem, ao certo, o significado da expressão. Vejamos, com *Aurélio,* no *Dicionário da língua portuguesa,* o significado do Ateísmo. O ateu, corretamente, é: *"Aquele que não crê em Deus ou nos deuses"*.

Conclui-se que, poucos, mas muito poucos mesmo, compreendem o real significado deste tema. Os "indoutos" aplicam esta palavra tão somente no contexto Cristão. Muitos são rotulados e tachados de *"ateus"*, apenas, por não acreditar em Deus; máxime, os cristãos. Quando, realmente, o correto seria reconhecer como ateu somente aquele que demonstra completa ausência, na crença de um deus, sendo ele "Alá, Javé, Buda, Maomé, Jesus Cristo, entre outros". Num certo dia, num passado remoto, alguém rotulou a outrem, *"de ser ateu"*, *apenas,* por não confessar sua crença no Deus dos Cristãos. O que foi um erro. E um erro crasso!

E sabe-se que a vastidão do Império Romano favoreceu a

expansão do Cristianismo, quando os precursores da Cristandade levaram avante sua religião, até atingir todos os quadrantes do Planeta Terra, isto é, levar o cristianismo até aos confins do mundo.

Como se sabe, o "politeísmo" era a religião dominante no Império Romano, o que era considerado um verdadeiro "paganismo" aos primeiros Cristãos. Estes cristãos rotularam a prática Politeísta de "Ateísmo". Para eles, todos aqueles que não fossem cristãos eram ateus. O que foi um erro.

Nós, Cristãos, somos *"monoteístas"*, e a base de nossa fé está estribada nas palavras de *"Jesus Cristo" e nos "Evangelhos"*. Jesus Cristo, quando em vida e como homem humano, pregou que: *"a tolerância, o amor fraternal e a crença em Deus Pai, sobre todas as coisas", é a base fundamental do Cristianismo.* E, contemporaneamente, os *"fanáticos, radicais e fundamentalistas"* pululam a Terra não se conformando com discursos retóricos, somente; e, como uma alcateia esfomeada, atacam o *"Livre-Arbítrio"* e lançam a pecha de "ateu", a todas e quaisquer das pessoas que não comunguem de suas convicções ou crenças religiosas. Tornaram-se sectaristas e, ainda, nada descobriram que valham a pena viverem e conviverem.

Desta feita, tanto a *"Igreja de Jesus Cristo dos Santos dos Últimos Dias"* quanto a *"Maçonaria"* instruem seus adeptos a manterem uma posição de *"neutralidade"* e *"respeito"* às decisões individuais; incluindo até quando houver ausência de manifestação de fé. É o respeito ao *"Princípio do Livre-Arbítrio"*.

Versar sobre "ateísmo" é correr o risco de entrar em discussões religiosas, polêmica que deve se evitar, para não radicalizar. Fugir aos que rotulam e acusam que: *"A Maçonaria é incompatível com o Cristianismo"*. Porém, este é um pensamento, comungado por uma pequenina parcela de neófitos; os quais veem o demônio, e qualquer coisa e em qualquer lugar; fugindo-lhes a *"razão e a compreensão"*. E o que não se explicam pela fé ou, quiçá, pela ausência da razão, passam a atribuir ao diabo, obviamente. Basta lembrar-se de *Galileu Galilei*, o qual foi obrigado a negar sua descoberta, para não ser queimado, na fogueira, como Herege; uma vez que suas descobertas eram contrárias ao entendimento geral, dos religiosos, da época. E quem contestasse o poder religioso sofreria graves consequências, pagando até com a sua própria vida.

Os que se distanciam da "verdade absolutista", como pensa uma pequena parcela, são criticados, rotulados e até alijados do meio. E estes "sábios" que querem controlar a tudo e a todos ignoram que a Maçonaria não é uma das várias denominações religiosas; que a Ordem é uma *"sociedade de homens livres e de bons costumes"*. E que a Ordem e seus Membros são regidos pelo *"livre pensamento, fundado na luz da razão";* a Ordem não aceita ser moldada e remoldada, com velhas e arcaicas ideias; e, que os Membros Maçons são livres pensadores, regidos pela mesma luz da razão. Com seu orgulho ferido, muitos radicais pregam que a *"Maçonaria é uma antítese de Cristianismo"*. De forma a fugir das lembranças do passado, de seus desmandos e desmazelo, para com o homem e a sociedade, além de perseguições, prisões e execuções de muitos membros da sociedade que se destacavam com grandes proeminências. O destaque do homem, na sociedade, era uma afronta aos fanáticos e dominantes religiosos, punido até com a morte.

Alguns neófitos, no assunto, chegam a acreditar que: *"na Maçonaria existe um deus próprio"*, o que é um fato ilusório, lendário e supersticioso, pois não existe e nunca existiu, não passando de extrema ignorância dos antimaçons. Cada Maçom pode ter seu deus próprio, em sua esfera religiosa, o que não é cerceado a nenhum Membro, podendo, cada um, ter sua própria religião e crença no seu Deus. A esta "liberdade" *Jesus Cristo* chamou de *"livre-arbítrio"*. *Na Maçonaria "existe o privilégio de adorar a Deus, Todo Poderoso, de acordo com os ditames da consciência de cada um"*. *"E, concede a todos os homens, os mesmos privilégios; onde cada um professa sua fé ou crença, onde e como desejarem"*.

É uma questão estanque. Respeitando os princípios de Liberdade, Igualdade e Fraternidade.

Partindo do princípio, de que: "*O homem é livre para conservar suas crenças e livre para permanecer em sintonia com sua religião*". Não há uma pluralidade de deuses na Maçonaria, porém, sem um elevado respeito à crença e a fé de cada um, sem exigências, protelações e interrogações.

E, em momento algum, nenhum Irmão será interpelado, humilhado ou agredido por sua crença e sua fé religiosa. Não desrespeitando jamais a fé de cada Membro. Esta é tarefa que cabe aos sectários e intolerantes religiosos. Na Maçonaria não, nunca, e jamais!

Nenhum Maçom será interpelado por sua religião. Professando, ele, o: "Cristianismo", "Budismo", "Islamismo", "Judaísmo", entre outras quaisquer. O que a Maçonaria exige é somente: *"amor ao próximo", "humildade"; "trabalho", "progresso", "virtude", "fé em Deus", "e respeito à Ordem e à família", à "Pátria" e à "humildade"*. Obedecendo aos princípios de "LIBERDADE, IGUALDADE e FRATERNIDADE".

ATEÍSMO

Num sentido lato, "Ateísmo": "É a ausência de crença na existência de divindades". O leitor, por sua vez, tem que saber diferenciar o "Ateísmo" do "Teísmo". Pois o "Teísmo" "É a crença de que existe, ao menos, uma Divindade".

O "Termo Ateísmo" é oriundo do grego clássico "atheos", que significa "Sem Deus". Era um termo que se aplicava, com conotação coletiva, àqueles que se pensava que rejeitavam os deuses que eram adorados pela maioria da sociedade, de modo geral.

Com a expansão e difusão do "livre-pensamento", do "Ceticismo ou Cepticismo Científico", e do consequente aumento de "crítica à religião", a abrangência do "termo" foi reduzida. Os primeiros indivíduos a se identificarem como "ateus" surgiram somente no século XVIII, com o abrandamento da *"Inquisição Religiosa"*.

Os ateus tendem a ser céticos, em relação às afirmações sobrenaturais; citando a falta de evidências empíricas que provêm de sua existência. Incluem o problema do mal argumentando as relações inconsistentes, que afirmam o argumento de sua descrença. Porém, há alguns argumentos ateístas, filosóficos, sociais e históricos, que afirmam suas ideologias. Há quem adote filosofias seculares.

Nas "Culturas Ocidentais" os "ateus" são tachados como pessoas irreligiosas, genericamente, embora alguns ateus sejam espiritualistas. Mas o "ateísmo" também está presente em certos sistemas religiosos e crenças espirituais, como: no Judaísmo, Budismo e Hinduísmo. Ocorre, ainda, que: o Jainismo e algumas formas de budismo não professam a crença em deuses. Já o Hinduísmo mantém o ateísmo, como conceito válido. Porém, é muito difícil de seguir sua espiritualidade, sem uma dedicação intelectual.

Os conceitos e definições sobre o "ateísmo" são variáveis, o que dificulta a determinação numérica, sobre a quantidade de "ateus" existentes, na atualidade, com a devida precisão.

Por estimativa, cerca de 2,3% da população mundial se intitula como "ateia"; enquanto 11%, da população se assume como "não religiosa". A população que se declara ateia tem taxas mais elevadas, nos países Ocidentais, embora haja variações nestes índices, como, por exemplo: Estados Unidos, com 17%; Alemanha, com 20% e França, com 32%. Não são estimativas oficiais, mas são dados que ofertaram em datas anteriores.

O "ateísmo" foi um termo até pejorativo, usado nos debates, acalorados, que se travaram entre os *"Primeiros Cristãos" e os "Helênicos"*. E o termo *"ateu"* tornou-se um indicativo e cognominação de pessoas que não tinham crença em Deus ou em deuses, ainda, no século V a.C. (grego antigo – "Atheos"). Formado pelo próprio prefixo *"a"*, que significa "ausência". O radical "Teu" é derivado do grego *"Théo"*, que significa *"Deus"*. "A" "ausência" do "a", em Theos, que significa = "deus". Atheos ou "ateu" – que significa, no termo literal – "ausência de Deus". Comumente "sem Deus". Era um termo usado, como: *"Cortar relações com os deuses"* ou *"negar os deuses"*.

Ateus era um termo usado, para qualificar *"todos"* os que, impiamente, negavam ou desrespeitavam os deuses locais, mesmo que cressem em outros deuses. De forma que: "entre os séculos *XVI* e *XVIII*, o termo *"ateu"* era pejorativo e polêmico". Era um insulto. Jamais alguém se autodenominaria como um "Ateu".

No século VIII, usou-se o termo "ateísmo" para descrever uma crença que já é autoconfessa, na Europa, quando afirmava "descrença" no "Deus Monoteísta abraâmico". Já no século *XX*, quiçá, devido à globalização, houve a expansão do termo – "ateísmo" – para designar a "descrença", em todos os deuses. Na Sociedade Ocidental, usa-se o termo para designar: "A Descrença em Deus". Há um círculo filosófico que vem redefinindo esse termo para: "Ausência de Crença em Divindades".

A polêmica que gira em torno do termo "ateísmo" se deve à dificuldade de chegar a um denominador comum, quanto à definição de palavras, como: *"Divindades"* e *"Deus"*. O que leva à aplicabilidade do termo *"ateísmo"*. Para os Antigos Romanos, os Cristãos eram acusados de "ateus", porque não adoravam seus deuses "pagãos". Porém, com o tempo essa visão caiu no ostracismo e o *"Teísmo"* passou a ser considerado como uma *"crença"* em qualquer divindade, na sociedade.

Nas variedades de fenômenos que são rejeitados, nas sociedades atuais, o "ateísmo" pode, muito bem, contrapor a quaisquer existências, sobre conceitos *espirituais, sobrenaturais, ou transcendentais;* são conhecidas e aceitas: o budismo, hinduísmo, jainismo e taoísmo, entre outras.

ATEÍSMO IMPLÍCITO X EXPLÍCITO

Tornam-se difíceis as definições sobre o "Ateísmo", pois as considerações pessoais sobre a ideia de "Deus" ou "deuses" variam muito, quanto à ótica das pessoas. Para uns: "*O ateísmo é a ausência de crença, na existência de qualquer divindade*". Para outros: "É ateu, por não acreditar em um deus".

Dentro destas concepções, incluem-se os *recém-nascidos* e outras pessoas que não foram preparadas, dentro de uma concepção "TEÍSTA". Nesta definição, estão os recém-nascidos e outras pessoas que não tenham as ideias teístas.

O "Varão D'Holbach" já dizia em 1772: "*Todas as crianças nascem "ateias", elas não têm ideia de Deus*". (Diríamos nós, que este conceito está afeto à educação familiar).

O escritor norte-americano *George H. Smith* sugeriu, em 1979, que: "*O homem que não está familiarizado com o "teísmo" é ateu, isto porque não acredita em um Deus*". Da mesma forma, incluiu as crianças. E Smith criou o termo "Ateísmo Implícito", para se referir à "*ausência de crenças teístas, sem uma rejeição consciente dela*". "*E, o "Ateísmo Explícito", para definir, em comum, a descrença consciente*". Já *Ernest Nagel* é antagônico à definição de *Smith*, no que se refere a ateísmo, como mera "*ausência do teísmo*". Para Nagel, existe, somente, o "ateísmo explícito", como o verdadeiro "*ateísmo*" de pessoas na sociedade.

ATEÍSMO POSITIVO X NEGATIVO

Há correntes filosóficas que apresentam controvérsias. Antony Flew e Michal Martin têm criticado tanto o "Ateísmo Positivo" – forte/duro – quanto o "Ateísmo Negativo" – fraco/suave. Contrastam eles, afirmando que: "*O Ateísmo Positivo é a afirmação explícita de que deuses não existem*". E o "*Ateísmo Negativo inclui todas as formas, outras do Não Teísmo*".

Para *Antony* e *Michael*, "*quem não é Teísta é um ateu negativo ou positivo*".

Os termos "*Ateísmo Forte*" e "*Ateísmo Fraco*" são relativamente recentes. Já os termos "*Ateísmo Positivo*" e "*Ateísmo Negativo*" são mais antigos, com origens diferentes, no campo de literatura filosófica e na *Apologética Católica*. Dentro desta ótica, a grande maioria dos *Agnósticos* pode classificar-se como: "Ateus Negativos". Não há diferenças nos termos "Positivos" ou "Negativos" e são similares aos termos "Fortes" e "Fracos".

Em 1972, o escritor indiano Goparaju Ramachandra Rao, na sua obra "*Ateísmo Positivo*", sugeriu uma "*Filosofia Ateísta Positiva*", que promovesse valores positivos. O "Ateísmo Positivo, implica coisas como o moralmente retos", onde as pessoas religiosas têm razões para acreditarem, sem "*proselitismo*" ou dar lições sobre o Ateísmo e se defender com honestidade, ao invés de obter vantagens, nos confrontos e embates, com os críticos sinceros e honestos. Sendo, este, um tema que exigirá, do estudioso, muitas pesquisas, devido às grandes controvérsias entre seus autores. *Richard Dawkins*, entre outros, distingue as posições *Teístas*, *Agnósticas* e Ateias, dentro da probabilidade de que cada uma delas atribui a afirmação de que "*Deus existe*". E a polêmica não para por aí, tão somente.

DEFINIÇÃO COMO O IMPOSSÍVEL E O PERMANENTE

Até o século *XVIII*, a existência de Deus era Universalmente aceita e incontestável no mundo Ocidental, sendo até contestada a possibilidade do Ateísmo verdadeiro. Sendo denominado de "*Inatismo Teísta*", com a noção do que "*todas as pessoas acreditam em Deus, desde seu nascimento*". Nesta ótica, os "*Ateus*" estão, simplesmente, em negação dentro deste Universo.

Há os que defendem a posição seguinte: "*Os ateus são levados a acreditar em Deus, em períodos críticos da sociedade; quando se convertem no seu leito de morte e quando acham que não existem ateus nas trincheiras"*; isto ocorre para uns. Porém há outros, sim, que afirmam que há exemplos de Ateus nas trincheiras, com certeza.

Muitos dos "ATEUS" questionam a imprescindibilidade do uso do termo "*Ateísmo*"; inclusive "Sam Harris", em sua obra "*Carta a Uma Cristã*", quando afirma em seu livro:

> *... O Ateísmo é um termo que nunca deveria existir. Ninguém poderia identificar-se com um "não astrólogo" ou "não alquimista". Não temos palavras para as pessoas que duvidam que Elvis ainda esteja vivo ou que o estrangeiro tem atravessado a galáxia só para molestar fazendeiros e seu gado. O ateísmo é nada mais do que ruídos, que pessoas razoáveis fazem na presença de crenças religiosas injustificadas.*

Na sua obra – "O Sistema da Natureza", o *Barão D'Holbach*, como ferrenho defensor do Ateísmo, no século XVIII, diz que:

> *... A fonte da infelicidade do homem é a sua ignorância e da natureza de uma pertinácia com que ele se agarra a opiniões cegas, absorvidas, em sua infância, que se entrelaçam com sua existência; do preconceito consequente que deforma a sua mente, que impede sua expansão, que o torna escravo da ficção e parece condená-lo ao erro contínuo.*

Mas a batalha é longa e acalorados são os debates. E a maior demarcação da lógica ateísta está entre o *Ateísmo Prático* e o *Teórico*, como se pode concluir.

ATEÍSMO PRÁTICO

> ***Ateísmo Prático*** *ou* ***Programático****, que é conhecido, ainda, por* ***Apateísmo****, "sendo uma forma de vida, onde os indivíduos vivem sem deuses e explicam os fenômenos naturais, sem recorrer ao divino".*

A existência de deuses não é rejeitada, mas pode ser designada como "desnecessária ou inútil". *De acordo com esse prisma, os deuses não dão um propósito à vida, nem influenciam* na vida *do cotidiano*. Uma forma de *Ateísmo Prático*, com consequências à *Comunidade Científica*, é, indubitavelmente, *o Naturalismo Metodológico*. É a "Adoção tácita ou assunção do naturalismo filosófico, no método científico. Onde *se aceita* ou *acredita-se, totalmente* ou *não*". Não há meio termo, portanto.

Sendo assim, o ateísmo prático pode assumir várias formas, como:

- **Ausência de motivação religiosa,** quer dizer que: *"a crença em deuses não motiva a ação moral, a ação religiosa, ou quaisquer outras formas de ações";*
- **Exclusão ativa do problema dos deuses e da religião,** que determina: *"Na busca intelectual e de ações concretas";*
- **Indiferença,** que significa: *"A ausência de quaisquer interesses pelos problemas dos deuses e da religião";*
- E o **Desconhecimento** do conceito de uma divindade. Isto é, viver alheio ao mundo religioso e divino.

ATEÍSMO TEÓRICO

No *Ateísmo Teórico* buscam-se argumentos "contra" a existência de deuses, de forma clarividente, como resposta aos *Argumentos TEÍSTAS COMUNS*, como os *Argumentos Teleológicos* ou a *Aposta de Pascal*. Com evidência, o *Ateísmo Teórico* é, máxime, uma *Ontologia;* mais precisamente uma ontologia física. Ele é antagônico ao "Teísmo".

AS ARGUMENTAÇÕES EPISTEMOLÓGICAS

O "Ateísmo Epistemológico" vem contestando, com argumentos de que as pessoas não podem conhecer um Deus, nem determinar a existência deste Deus. A base do *"Ateísmo Epistemológico"* é o *"Agnosticismo"*, o qual pode assumir uma variedade de formas.

Já na filosofia da "Imanência", a divindade está inseparável do próprio mundo, na acepção da palavra, onde a mente das pessoas e sua "Consciência" estão bloqueadas no "sujeito". No "Agnosticismo" existe uma limitação de perspectiva, que impede uma inferência objetiva, *"indo da crença em um Deus, até as afirmações de sua existência"*.

No Agnosticismo "racionalista" de Kant e do "Iluminismo", somente *"aceitam o conhecimento deduzido com a racionalidade humana"*. Nesta forma de Ateísmo, afirmam que: *"Os deuses não são perceptíveis, como questão de princípio, donde sua existência não pode ser conhecida"*.

Por sua vez, nas ideias defendidas por Hume, quanto ao "ceticismo", afirma ele que: *"A certeza sobre quaisquer cousas se torna impossível; portanto, nunca se pode saber sobre a existência de um Deus"*. Esta inclusão do "Agnosticismo" no "Ateísmo" causou acirradas contendas, mas isto pode ser considerado no âmbito de uma visão básica do mundo independente. Porém, não faltando outras correntes "Ateístas", que veem de outras formas.

Há outras correntes que defendem o "Ateísmo" e o classifica em: *"Epistemológicos ou Antológicos"*, incluindo o "Positivismo Lógico e o Gnosticismo", onde defendem a ideia da: Falta de sentido ou de ininteligibilidade de termos e frases básicas, tais como: *"Deus"* é *"Deus e é Todo Poderoso"*. Por sua vez, o "Não Cognitivismo Teológico" afirma que a declaração *"Deus Existe"* não expressa uma proposição, sendo absurda ou, cognitivamente, sem sentido. Difícil será fazer uma separação sobre estes indivíduos, se são ateístas ou agnosticistas.

Os filósofos *A.J Aver* e o norte-americano *Theodore M. Drange* não aceitam nenhuma das categorias citadas, quando afirmam: "Ambos os campos aceitam a frase *"Deus Existe"*, como uma *proposição*". E classificam o "Não-Cognitivismo" em uma categoria própria e diversa das outras.

ARGUMENTOS METAFÍSICOS

No *Ateísmo Metafísico*, estão incluídas as doutrinas, jungidas ao *Monismo Metafísico* (como homogeneidade da realidade). O *Ateísmo Metafísico* pode ser:

01 – **Absoluto** – É Negação explícita da existência de Deus, que está associada ao *Monismo Materialista* (todas as tendências materialistas, antigas e modernas);

02 – **Relativo** – *Que é Negação implícita de Deus,* em todas as filosofias que, apesar de aceitarem a existência de um Ser Absoluto, não veem, nesse ser absoluto, qualquer dos atributos de Deus; nem mesmo: "*Transcendência e nem um caráter ou unidade pessoal*". Desta forma, o "Ateísmo Relativo" está jungido ao "Monismo Idealista", como: *Panteísmo, Panenteísmo, Deísmo,* entre outros.

ARGUMENTOS LÓGICOS

No "Ateísmo Lógico" são sustentadas diversas "concepções de deuses", como "*Deus Pessoal do Cristianismo*", ao qual são atribuídas qualidades, logicamente, inconsistentes. Os "Ateus" apresentam argumentos dedutivos contra a existência de Deus e afirmam a incompatibilidade entre certas características, tais como: "*A Perfeição, Estatuto de Criador, Imutabilidade, Onisciência, Onipresença, Onipotência, Onibenevolência, Transcendência, a Pessoalidade* (um ser pessoal), *Não Fisicalidade, Justiça e Misericórdia*".

Entretanto, os "*Ateus Teodiceanos*" acreditam que o que veem, vivem e experimentam não pode conciliar-se com as qualidades atribuídas a Deus e aos deuses, atribuídos pelos *teólogos*. Para eles, um Deus Onisciente, Onipotente e Onibenevolente não pode ser compatível, com um mundo onde existe o *mal e o sofrimento*, e onde o "amor divino" está oculto a muitas pessoas. Este argumento é semelhante ao atribuído a "Siddhartha Gautama", fundador do "Budismo".

REDUÇÃO DA IMPORTÂNCIA DA RELIGIÃO

Entre os vários filósofos, "*Sigmund Freud* e *Ludwig Feuerbach*" argumentaram, que "*Deus e outras crenças religiosas são invenções humanas, criadas para atender várias necessidades psicológicas e emocionais*". Também, esta é a visão de muitos budistas.

Karl Marx e *Friedrich Engels*, sob a influência da obra de *Feuerbach*, argumentavam que: "*A crença em Deus e na religião são funções sociais, utilizadas por aqueles que dominam o poder, com o escopo de oprimir a classe trabalhadora*". Para *Mikahil Bakunin*, "*a ideia de Deus implica em abdicação da razão e da Justiça humana; é a negação mais decisiva da liberdade humana; e, necessariamente, termina na escravização da humanidade, tanto na teoria, quanto na prática*".

Desta forma, ele inverteu o "*Famoso Aforismo*" de *Voltaire*, de que: "*Se Deus não existisse, seria preciso inventá-lo*", escrevendo que: "*Se Deus realmente existisse, seria necessário aboli-lo*". É uma controvérsia longa e constante, no campo filosófico.

PARÂMETROS ALTERNATIVOS

No "Ateísmo Axiológico", ou "Construtivo" há uma rejeição da existência de deuses, em favor de um "*Absoluto Maior*", como a *humanidade*. Esta corrente Ateísta tem na "Humanidade", *sua fonte absoluta da ética e valores, que permite aos indivíduos resolverem seus problemas morais, sem recorrerem a Deus*.

Na "*Transmissão de Mensagens de libertação, de*

desenvolvimento integral e da felicidade, sem restrições", Marx e Freud utilizaram e defenderam estes seus argumentos, voltados ao homem, rejeitando a existência de deuses.

Muito embora as críticas, comuns e frequentes, ao *Ateísmo*, sejam uma "*tese contrária*", que argumenta que: "*Negar a existência de um Deus conduz ao* **Relativismo Moral,** *deixando o indivíduo sem fundamento moral ou ético; o que torna a vida sem sentido e miserável*". Ainda *Blaise Pascal* defendeu estes argumentos, nos seus "Pensées", da mesma forma que os demais.

CORRENTE DO EXISTENCIALISMO ATEÍSTA

Um dos maiores representantes do "Existencialismo Ateísta" foi, indubitavelmente, o filósofo francês **Jean Paul Sartre.** Este se preocupava, muito menos, em negar a existência de Deus do que estabelecer que "*O Homem precisa encontrar-se novamente e entender que nada pode salvá-lo, de si mesmo, nem mesmo uma prova válida da existência de Deus*".

Sartre, no corolário de seu "Ateísmo", disse que:

> ***Se Deus não existe,*** *há, pelo menos, um ser no qual a existência precede a essência, um ser que existe, antes que ele possa ser definido, por qualquer conceito. E este ser é, clarividentemente,* ***O Homem.***

Ainda, na sua filosofia, acrescenta *Sartre,* como consequência da prática desse "ateísmo", o argumento de que:

> *Não há regras, a priori, ou valores absolutos que podem ser invocados para governar a conduta humana e que os humanos estão "condenados" a inventar, estes de per si, pra tornar, esse homem, "responsável" por tudo que ele faz.*

Nas críticas tecidas pelo acadêmico *Rhiannon Goldthorpe*, para alguns escritos de *Sartre,* argumentava este acadêmico que tais escritos estavam *"permeados por um ateísmo Cristão"*; onde se vislumbra que antigas crenças, ainda, alimentavam a imaginação e a sensibilidade deste cético, mais radical. Já o acadêmico *Priest Stephon*, argumentava que os escritos de Sartre assemelham-se a *"Uma metafísica Ateísta"*.

Hazel Barnes, tradutor de *Sartre*, escreveu sobre ele:

> *O Deus que ele rejeita não é um poder vago, é um X desconhecido que explicaria a origem do universo; como tampouco é um ideal ou um mito para simbolizar a busca do Homem pelo Bem.*

Nada mais é que o "Deus dos Escolásticos", ou qualquer ideia de Deus, como um Criador específico, Todo Poderoso, Absoluto e Existente, pelo menos, na mente do homem.

Mesmo com o conhecimento de que o "Termo Ateísmo" tenha origem na França, do século XVI, as ideias que, hoje, seriam reconhecidas como "Ateístas", segundo documentos, são conhecidas desde a "Antiguidade Clássica" e "o Período Védico". Portanto, não há inovações, mas, sim, continuação.

ANTIGA RELIGIÃO HINDU

Lá no "Hinduísmo Antigo" vamos encontrar as "Escolas Ateístas", com sua existência desde o tempo da "Religião Védica". Encontram-se as "Seis Escolas Ortodoxas" *(astika e nãstika)*, da filosofia hindu; o **Samkhya,** *"o mais antigo sistema filosófico que não aceita Deus"*. Enquanto a *Antiga Mimamsa* rejeita a noção de divindade, quando sustenta que a própria ação humana é suficiente para criar circunstâncias necessárias à apreciação dos seus frutos. É o tema das ações do homem.

A escola filosófica *Carvaka,* materialista e antiteísta, com origem na Índia, lá pelo século VI a.C, é a escola filosófica mais explicitamente ateísta, que se conheceu na Índia. Tem semelhança com a *Escola Cirenaica Grega*. É um ramo filosófico indiano classificado como *heterodoxo* pela sua rejeição à Autoridade Védica e não está entre as seis escolas ortodoxas do hinduísmo. Porém, goza de notoriedade, pela evidência de ser um movimento materialista, dentro do hinduísmo.

Para *Chatterjee e Datta,* a nossa compreensão quanto à filosofia "Carvaka" é fragmentária. É fonte de críticas às suas ideias, por outras escolas, embora não seja uma tradição viva.

As *filosofias Samkhya clássica e Mimamsa* são outras correntes filosóficas indianas, que as consideram como "ateístas". Esta rejeição de um Deus Criador e Pessoal é encontrada no *Taoísmo* e no *Budismo,* na Índia. São correntes filosóficas ateístas.

A ANTIGUIDADE CLÁSSICA

As acusações contra *Sócrates,* por não acreditar nos deuses gregos, terminaram com sua morte, por envenenamento, à base de cicuta, cujo relato encontramos na *"Apologia de Platão"*.

Na "Filosofia Grega Pré-Socrática", encontramos as raízes do "Ateísmo Ocidental", porém não apresentava, distintamente, uma *"visão do mundo"*, durando até o final do *"Movimento Iluminista"*.

O filosofo grego *Diágoras,* ali pelo século V a.C., ficou conhecido por ser o *"Primeiro Ateu"*, nas citações de *Cícero,* no seu *"De Natura Deorum"*. "Crítias" via na religião uma invenção humana, que objetivava impor medo às pessoas, para fazê-las seguir a ordem e a moral.

Os "Atomistas", incluindo "Demócrito", tentaram impor ao mundo uma forma pura do "Materialismo", sem referência ao *"Espiritual"* ou ao *"Misticismo"*. Entre os *"Filósofos Pré-Socráticos"*, com tendências *"Ateístas",* destacaram-se "Pródico e Protágoras". E ainda, no século III a.C., aparecem como destaques: *Teodoro, "o Ateu"* e *Estrabão de Lampsaco* que, por sua vez, não acreditavam na existência de deuses. Esta era uma corrente de filósofos voltados ao *"ateísmo"*.

Como vimos, *Sócrates (471-399 a.C.)* foi o maior filósofo que o mundo conheceu, tendo sido acusado como "ateu", por questionar os *deuses do Estado Grego,* por isso foi morto. Entretanto, Sócrates contestou as acusações, que afirmavam que ele era um "ateu completo". E se defendia afirmando que *"não poderia ser um ateu, haja vista que acreditava em espíritos"*. Mas foi condenado à morte, por envenenamento. Há documentos que comprovam que Sócrates rezava a vários deuses, no "Fedro" de Platão. E há escritos, no diálogo "A República", onde Sócrates se diz, velado *"Por Zeus"*. Frase que comprova que não era um "ateu completo".

Na obra publicada por *Evêmero* (330-260 a.C.), diz ele que: *"Os deuses eram governantes, conquistadores e fundadores do passado, deificados. Já os cultos e religiões eram, em essência, uma continuidade dos reinos extintos e das estruturadas políticas passadas"*. Muito embora haja provas de que "Evêmero" não era, estritamente, um "Ateu", porém foi criticado e acusado, por ter difundido o "ateísmo" na Terra habitada, na época, e por ter obliterado os deuses entre os homens.

"Epicuro" – (341-270 a.C.) – atomista e materialista, nas suas disputas doutrinárias e religiosas, destacou com a *"Existência de Vida Após a Morte"* ou *"Divindade pessoal"*. Para ele a "alma" era puramente *"Material e imortal"*. De forma que se o "Epicurismo" não descartasse a existência de deuses, cria, ele, que: *"se existissem, deuses, eles não estavam preocupados com a humanidade e com a vida em sociedade, nesta Terra"*.

Para o poeta romano "Lucrécio" (99-55 a.C)"... *"Se há deuses, eles não estão preocupados com a humanidade e são incapazes de afetar o mundo natural"*. E argumentava que: *"A humanidade não deve temer o sobrenatural"*. Sob sua ótica "epicurista" trata sobre: *"O Cosmos, Átomos, Mortalidade e Religião"*, em sua obra "De Rerum Natura" – em nosso "Vernáculo" : "Sobre a Natureza das Coisas" –, que tornou popular a *filosofia de Epicuro,* em Roma, e conhecida por todos os estudiosos.

A defesa e suspensão do julgamento de "todas as crenças" foram argumentadas pelo filósofo romano "Sexto Empírico", era uma forma de "Ceticismo", que se conhecia como "Pirronismo", onde dizia que: "*Nada era inerente ao mal e que a ataraxia* ("Paz de Espírito") é atingível quando nós paramos de julgar". Suas obras foram parâmetros aos filósofos, posteriores, quanto aos argumentos de infindos estudiosos.

Nesse diapasão, vamos ver que o "Termo Ateu" foi se modificando e mudando, ao longo da "Antiguidade Clássica". *Os Primeiros Cristãos* eram considerados e cognominados de "ateus", pelos "Não Cristãos", devido suas descrenças nos "deuses pagãos". No domínio do *Império Romano*, executaram muitos "*Cristãos*", devido a suas rejeições aos "*Deuses Romanos*", em geral, e ao *Culto do Império*, em particular. Em contrapartida, quando o "Cristianismo" se tornou a "religião oficial" do Império Romano, já no domínio do governo de *Teodósio I*, em 381, inverteram-se as posições e a "Heresia" se tornou um Delito Punível, devido aos cultos aos deuses pagãos, os quais eram punidos até com a morte.

DA IDADE MÉDIA AO RENASCIMENTO

Na *Alta Idade Média* e *Idade Média*, quiçá, devido à "Inquisição", era rara a adoção de pontos de vistas "ateístas" na Europa. Nesse período os estudiosos estavam voltados: à *Metafísica, à Religião e à Teologia*. Entretanto, houve, neste período, movimentos que promoveram concepções de ordens "Heterodoxas do Deus Cristão", onde argumentavam pontos diferentes sobre: "*A Natureza, a Transcendência e a Cognoscibilidade de Deus*". Nestes movimentos destacaram-se: **"Johannes Scotus Eriugena, *David de Dinant, Amalarico de Bena*** *e os* ***Irmãos do Livre Espírito*"**; *que, mesmo tendo pontos de vista Cristãos, tinham tendências* "Panteístas".

Nicolau de Cusa defendia uma forma de "fideísmo", à qual denominou de "Docta Ignorântia" – *(em nosso vernáculo =*

"ignorância aprendida"); quando afirmava que: *"Deus está além da categorização humana e que o nosso conhecimento sobre Deus é limitado, tão somente, às conjecturas"*.

Enquanto *Guilherme de Ockham* defendia tendências antimetafísicas, com a limitação nominalista do conhecimento humano, para objetos singulares, e, estribado nesta concepção, afirmou que: *"A essência divina não poderia ser intuitivamente ou racionalmente apreendida pelo intelecto humano"*. Alguns seguidores de *Ockham,* entre eles, "João de Mirecourt e Nicolau de Autrecourt", vieram a expandir sua visão e defendê-la. Já a divisão entre *"fé e razão"* influenciou teólogos, mais tarde, como *John Wycliffe Huss* e *Martinho Lutero.* Huss foi condenado à morte na fogueira, onde morreu queimado.

A "Investigação Cética e o Livre Pensamento" expandiram-se, com o advento da "Renascença". Vários estudiosos procuravam a *"Experimentação"*, como meio de explicação, e se opuseram aos argumentos das *autoridades religiosas.* Entre eles, "Leonardo da Vinci". Porém, houve outros críticos, da *"Religião" e da "Igreja", nesse período, como:* "Nicolau Maquiavel, Bonaventure des Periers e François Rabalaism", entre outros. Porém, foram ferrenhos combatentes à religião e à igreja. (FINAL DA I PARTE DESTE LIVRO). INICIE LEITURA E ESTUDOS NA II PARTE, NO LIVRO SEGUINTE.

Poesias e Poemas

DEPOIS DE UM TEMPO

Depois de um tempo você aprende
a sutil diferença entre
segurar uma mão e acorrentar uma alma
e você aprende
que amar não significa apoiar-se
e companhia não quer sempre dizer segurança
e você começa a aprender
que beijos não são contratos
e presentes não são promessas
e você começa a aceitar suas derrotas
com sua cabeça erguida e seus olhos adiante
com a graça de mulher, não a tristeza de uma criança
e você aprende
a construir todas as estradas hoje
porque o terreno de amanhã é
demasiado incerto para planos
e futuros têm o hábito de cair
no meio do voo.
Depois de um tempo você aprende
que até mesmo a luz do sol queima
se você a tiver demais

então você planta seu próprio jardim
e enfeita sua própria alma
ao invés de esperar que alguém lhe traga flores.
E você aprende que você realmente pode resistir
você realmente é forte
você realmente tem valor
e você aprende
e você aprende
com cada adeus, você aprende. (**Veronica Shoffstall**)

Desiderata

Vá placidamente por entre o barulho e a pressa e lembre-se da paz que pode haver no silêncio. Tanto quanto possível sem capitular, esteja de bem com todas as pessoas. Fale a sua verdade calma e claramente e escute os outros, mesmo os estúpidos e ignorantes; também eles têm a sua história.

Evite pessoas barulhentas e agressivas, elas são tormentos para o espírito. Se você se comparar aos outros, pode tornar-se vaidoso e amargo, porque sempre haverá pessoas superiores e inferiores a você. Desfrute suas conquistas assim como seus planos.

Mantenha-se interessado em sua própria carreira, mesmo que humilde; é o que realmente se possui na sorte incerta dos tempos. Exercite a cautela nos negócios porque o mundo é cheio de artifícios. Mas não deixe que isso o torne cego à virtude que existe. Muitas pessoas lutam por altas ideias e por toda parte a vida é cheia de heroísmo.

Seja você mesmo, não finja afeição nem seja cínico sobre o amor, porque em face de toda aridez e desencadeamento ele é perene como a grama. Aceite gentilmente o conselho dos anos, renunciando com benevolência às coisas da juventude. Cultive a força do espírito para proteger-se num infortúnio inesperado, mas não se desgaste com os temores imaginários; muitos medos nascem da fadiga e da solidão.

Acima de uma benéfica disciplina seja bondoso consigo mesmo. Você é filho do universo, não menos que as árvores e as estrelas; você tem o direito de estar aqui. E que seja claro ou não para você, sem dúvida o universo se desenrola como deveria.

Portanto, esteja em paz com Deus, qualquer que seja sua forma de concebê-lo. E sejam quais forem sua lida e suas aspirações na barulhenta confusão da vida, mantenha-se em paz com a alma. Com todos os enganos, penas e sonhos desfeitos, este é ainda um mundo maravilhoso. Esteja atento. **(Max Ehrmann)**

Frases Filosóficas Maçônicas

"Para operar, os Templários da Escócia serviram-se da Associação ou Grémio Secreto de Pedreiros ou Construtores de Catedrais que, tendo em si princípios ocultos que datam de tempos remotos, tinham todavia perdido a Palavra (isto é, o Sentido, Logos) do ritual que conservavam e das estruturas que erguiam. Nesse rito morto introduziram os Templários da Escócia a Palavra que traziam, erguendo-o; e, se o fizeram, é porque as analogias eram perfeitas." **(Fernando Pessoa)**

"Ser Maçom é querer a harmonia das famílias, a concórdia dos povos e a paz do gênero humano." **(Anônimo)**

"A ideia é que cada indivíduo possa refletir sobre suas atitudes e busca sempre o caminho do bem, e da perfeição a sociedade vai caminhar naturalmente para o progresso." **(Anônimo)**

"Se fazes o que não deves, deverás sofrer o que não mereces." **(Benjamin Franklin)**

"Ver a vida, as pessoas, as formas... é um detalhe. Mas viver de bem com a vida, amando as pessoas, de todas as formas, é um detalhe que faz toda diferença." **(Anônimo)**

"As pessoas mais felizes não têm as melhores coisas. Elas sabem fazer o melhor das oportunidades que aparecem em seus caminhos." **(Clarice Lispector)**

"Podemos escolher o que semear, mas somos obrigados a colher aquilo que plantamos." **(Anônimo)**

"O que mais preocupa não é nem o grito dos violentos, dos corruptos, dos desonestos, dos sem caráter, dos sem ética. O que mais preocupa é o silêncio dos bons." **(Martin Luther King)**

"A Maçonaria é a mais bela das instituições, ela consegue ensinar filosofia em um mundo onde a ignorância está se tornando virtude!" **(Tales Júnior)**

"O conhecimento, para ser o que deve ser, não se limita a uma simples teoria, mas comporta em si mesmo a realização correspondente." **(René Guénon)**

"Alguém que nunca cometeu erros nunca tratou de fazer algo novo." **(Albert Einstein)**

"O valor de um homem deve medir-se pelo que dá e não pelo que recebe. Não se converta em um homem de sucesso senão num homem de valores." **(Albert Einstein)**

"Existem duas maneiras de viver: Pode viver como se nada fosse um milagre, ou viver como se tudo o fosse." **(Albert Einstein)**

Não existe um caminho para a felicidade. A felicidade é o caminho. **(Mahatma Gandhi).**

Bibliografia

ACOSTA, Humberto. *Normas Instructivas para aprendices*. México: Menphis, 1963.

ADOUM, Jorge. *Grau Aprendiz e seus mistérios.*

______. *Grau de Companheiro e seus mistérios.*

______. *Grau de Mestre Maçom e seus mistérios.*

______. *Do Mestre Secreto e seus mistérios.*

______. *Do Mestre Perfeito e seus mistérios.*

______. *Grau de Mestre Eleito dos Nove.*

______. *Secretário Íntimo, Preboste e Juiz.*

ARNAUT, Antônio. *Introdução à Maçonaria Coimbra* – Coimbra: Editor, 2000;

ARVON, Henri. *O Ateísmo* – (português) – [S.I]: Europa: América, 1974;

ASLAN, Nicola. *Estudos Maçônicos sobre Simbolismo*. Rio de Janeiro: G. O. do Brasil, 1969.

______. *Grande Dicionário Enciclopédico de Maçonaria e Simbologia.* Rio de Janeiro: Artenova, 1974/1976. 4v.

BASTOS, Octaviano de Menezes. *Pequena Enciclopédia Maçônica.* São Paulo: "O Malhete", 1952.

BESANT, Annie. *A Sabedoria Antiga.*

BLAVATSKY, H. P. *As Origens do Ritual na Igreja e na Maçonaria.*

BORN, A. Van den. *Diccionário Enciclopédia da Bíblia*. Petrópolis: Vozes, 1971;

CANCIAN, André Disporé. *Ateísmo e liberdade*. 5ª ed. São José do Rio Preto: Ateus, 2005.

CARVALHO, Antônio Carlos. *Para a História da Maçonaria em Portugal. 1913-1935*. Lisboa: Vega, 1976;

CARVALHO, José Dias. *Manual de la Masonería Simbólica – Primer Grado – Aprendiz*. México: Menphis, 1959.

CASTRO, Leobardo P. *Diez Lecciones al Aprendiz Mason (El Secreto del Primer Grado)* México: Menphis, 1953.

CHURTON, Tobias. *O mago da Franco-Maçonaria*. São Paulo: Madras, 2008.

CLYMER, R. Swinhurne. *Antiga Maçonaria Mística Oriental*.

COLEÇÃO DELTA LAROUSSE. *Maçonaria e suas Origens*.

COLUSSI, Eliane Lúcia. *A maçonaria brasileira no Séc. XIX*. São Paulo: Saraiva 2002.

DACAMINO, Rizzardo. *Introdução à Maçonaria*. (3 volumes).

DIAS, Graça Silva, DIAS, J. S. da Silva. *Os primórdios da maçonaria em Portugal*. Lisboa: INIC, 1980.

DURVILLE, Henry. *Os Mistérios da Maçonaria e das Sociedades Secretas*.

GABRIEL, João. ASBER – Organização de ateus que buscam justiça democrática. Rio de Janeiro, 2006;

GOMES, M. *Manual do Mestre Maçom*. Rio de Janeiro: Aurora, 1973.

HAZAS, Júlio De La Veja. Maçons na igreja católica – Alitéia – 2013 A Enciclopédia Católica – Bula do Papa Clemente XII – 28/04/1738 – Latus Bula In Eminenti Apostolatus Specula.

HOBSBAWM, Eric. *A invenção das tradições*. Rio de Janeiro: Paz e Terra, 1997.

JINARAJADASA, C. *Fundamentos da Teosofia*.

LEADBEATER, C .W. *Pequena História da Maçonaria*.

______. *A Vida Oculta na Maçonaria*. São Paulo: O Pensamento, 1950;

______. *A vida oculta da Maçonaria*. São Paulo: Pensamento, 1960.

LEPAGE, Mario. *O desbaste da Pedra Bruta*.

LIMA, J. Teixeira. *Históricos Maçônicos e Maçonaria no Mundo*.

LIMA, Adelino Figueiredo. *Os Templários*.

LIRA, J.B. *As Vigas Mestras da Maçonaria*. Rio de Janeiro: Aurora, 1964.

LORENZ, F. V. *A voz do antigo Egito*.

MACNULTY, W. Kirk. *A maçonaria- símbolos e segredos, significado*. São Paulo: Martins Fontes, 2007.

MARQUES, A. H de Oliveira. *A Maçonaria em Portugal*. Lisboa: Gradativa, 1998.

MAGISTER. *Manual del Aprendiz*. Buenos Aires: Kier, 1946.

NAUDON, Paul. *La Franc-Maçonnerie et le Devin*. Livres. Paris: Dervy, 1960.

PALOU, Jean. *A Franco-Maçonaria Simbólica e Iniciática*. São Paulo.

PAPUS. *O que deve saber um Mestre-Maçom*.

PESQUISAS VIRTUAIS sobre o Tema Maçonaria.

PIGEARD, Alaine... *Os Francos-Mações*. Pergaminho, 2003.

Revistas "A TROLHA"

Revista História Viva – Ano II, nº19 -2005.

Revista Nossa História – ano 2, nº 20 – 2005.

Revista Terra – ano 13 – nº 156. 2005.

Ritual de Cerimônia de Instalação de Venerável e de Investidora e Posse das Dignidades e Oficiais de uma Loja do Grande Oriente do Brasil. Rio de Janeiro: 1968.

SANTOS, Luís Umbert. *Cartilha del Francmason*. México: Edital Humanidad, 1950;

______. *Os Sete Raios*.

SANTOS, Mario Ferreira dos. *Dicionário de Filosofia e Ciências Culturais.* 2ª ed. São Paulo: Matoso, 1964.

SILVA, Raul. *Maçonaria Simbólica.*

SOUZA, Draiton Gonzaga de. *O ateísmo antropológico de Ludwig Feuerbach.* Porto Alegre: EDIPUCRS, 1994.

SPENCER, Herbert. *Origens de las Projesiones.* Valencia: F. Sempere y Cia.

THRONER, James. *Breve história do ateísmo ocidental.* São Paulo: Edições 70, 1982.

Vários Rituais do R.·. E.·. A.·. A.·.

VAROLI FILHO, Theobaldo. *Curso de Maçonaria Simbólica.* São Paulo: A Gazeta Maçônica, 1970.

WIKIPÉDIA – A Enciclopédia Livre.

WILMSHURST. *A Iniciação Maçônica.*

Editora Maçônica

A TROLHA

Redação, Diagramação,
Composição, Revisão, Arte-Final.

Rua Castro Alves, 264 – Jd. Shangri-lá A
Fone: (43) **3337-1982** – Fax: (43) **3326-0915**
CEP 86070-670 – Londrina – Paraná

Home Page: http://www.atrolha.com.br
E-Mail: redacao@atrolha.com.br

Anotações